DECISÃO JUDICIAL
A cultura jurídica brasileira na transição para a democracia

Geraldo Prado

Rui Cunha Martins

Luis Gustavo Grandinetti Castanho de Carvalho

DECISÃO JUDICIAL

A cultura jurídica brasileira na transição para a democracia

Marcial Pons

MADRI | BARCELONA | BUENOS AIRES | SÃO PAULO

2012

Decisão judicial. A cultura jurídica brasileira na transição para a democracia
Geraldo Prado
Rui Cunha Martins
Luis Gustavo Grandinetti Castanho de Carvalho

Capa
Nacho Pons

Preparação e revisão
Ida Gouveia

Editoração eletrônica
Oficina das Letras®

Impressão e acabamento
RR Donnelley

ISBN 978-84-87827-32-7

[2012]
Impresso no Brasil

San Sotero, 6 - 28037 MADRID
☎ 00 xx (34) 913 043 303

www.marcialpons.com

SUMÁRIO

APRESENTAÇÃO

Entre os anos de 2009 e 2010 Coimbra e o Rio de Janeiro serviram de palco para a reflexão conjunta de Geraldo Prado, Luis Gustavo Grandinetti Castanho de Carvalho e Rui Cunha Martins acerca de temas e preocupações convergentes em matéria de processo penal, decisão judicial e transição democrática.

Aos autores angustiava a constatação de que mesmo após décadas da ultrapassagem dos regimes autoritários, em Brasil e Portugal, determinadas práticas inquisitórias persistiam, travestidas em técnicas de controle social repressivo aparentemente conforme os novos tempos, denominados democráticos.

A formação do pensamento jurídico comum aos profissionais com atuação no Sistema Penal contaminava-se por categorias que décadas antes, no apogeu das ditaduras na Península Ibérica e na América Latina, predominavam e davam a tônica do modo como as elites governantes empregavam a burocracia do sistema em proveito da perpetuação do *status quo*.

O desafio de investigar a permeabilidade das democracias e de seus sistemas de justiça criminal, especialmente pela ótica da ideologia inspiradora das práticas dos juízes, importantes personagens no mosaico acusatório/inquisitório de qualquer modelo, inspirou as trajetórias das pesquisas que se originaram destes verdadeiros diálogos luso-brasileiros, em uma feliz parceria intelectual enriquecida pela ótica sempre singular praticada no Centro de Estudos Interdisciplinares do século XX mantido pela prestigiada Universidade de Coimbra.

Daí nasceu a obra *Decisão judicial: a cultura jurídica brasileira na transição para a democracia.*

O livro recolhe as contribuições divididas em três textos, mas claramente vinculados entre si, justo porque fruto do diálogo permanente, capitaneado pelo que a cada um dos autores soou ser o ponto sensível de aproximação do objeto comum.

Geraldo Prado, em *Campo jurídico e capital científico: o acordo sobre a pena e o modelo acusatório no Brasil – a transformação de um conceito*, transita pelo território do *campo científico*, a partir das contribuições de Pierre Bourdieu, e busca similaridades no processo de constituição do capital científico e seu emprego/manipulação em diferentes contextos, que têm em comum a particularidade de estribarem-se em discursos jurídicos autorizados e competentes, para desvelar as estratégias de iluminação e sombreamento de conceitos e práticas.

Pelo ângulo eleito, o autor sublinha os pontos de contato nas estratégias de fazer valer, cotidianamente, técnicas penais denunciadas pelo saber penal como incrementadoras de marginalização e violência como se fossem o seu oposto. Da artificial "polêmica das escolas penais", envolvendo as teorias causais e finalistas do delito, à tentativa de inserir em um Código de Processo Penal no Brasil o *plea bargaining*, o texto marca as nem sempre visíveis conexões e a persistência da cultura autoritária.

Grandinetti de Carvalho propõe uma epistemologia da decisão jurídica no Estado de Direito, em seu *Estado de direito e decisão jurídica: as dimensões não-jurídicas do ato de julgar.*

Sem pretender esgotar o tema da decisão jurídica, o autor, todavia, denuncia o fracasso de superados esquemas analíticos sobre o ato de julgar que confortavam os juízes ao colocarem na penumbra dimensões do julgamento indissociáveis da mencionada tarefa.

O "desconforto" resulta do reconhecimento da falácia do esquema de subsunção, que até hoje circula no mercado das ideias do positivismo jurídico, superado pelas dimensões histórica, política, subjetiva e inconsciente da tarefa de decidir sobre a vida e a liberdade alheias.

O texto do autor abre o tema a perspectivas incomuns, revelando a riqueza da interlocução com matrizes filosóficas orientais, por exemplo, e deixa patentes as razões pelas quais a modelagem capitalista da vida social, de um determinado momento em diante, na Europa Ocidental, influenciou a forma dos juízes pensarem seu próprio afazer, apesar das evidências de que o ato de julgar não comportava os esquemas rígidos do discurso dogmático positivista.

A implicação disso na esfera criminal, em um tempo de expansão do encarceramento e da marginalização de amplos setores sociais excluídos dos benefícios da globalização, leva o autor a aprofundar o exame das dimensões do ato de julgar, em busca do resgate do sujeito criador da decisão, «que possa assumir a responsabilidade histórica de co-produzi-la, juntamente com a lei, com a Constituição e com a realidade social que não pode nunca ser alheada».

Rui Cunha Martins, por sua vez, propõe investigar um dos temas mais delicados da filosofia, da ciência política e do direito: *O mapeamento processual da verdade*, título de seu trabalho.

Ao reconhecer a persistência do «estafado problema da verdade no seio do processo penal», o autor indica, no entanto, o deslocamento da questão, desde o ângulo prévio do lugar do «verdadeiro» na dinâmica processual, para sugerir o enfrentamento da tensão assumida pelas diferenciadas concepções de processo, sistema processual e a verdade enquanto elemento do sistema processual, valendo-se do conceito de «dispositivo» que emprega com originalidade.

Ao aproximar-se do «processo» manejando o conceito de dispositivo – e, assim, ao conferir ao processo a característica de «dispositivo articulador de elementos de vária ordem» – Rui Cunha Martins sublinha que a verdade é somente um elemento a mais no dispositivo processual, ponto de vista que o afasta dos paradigmas analíticos que sustentam para a «verdade» uma missão destacada na perspectiva sistêmica. Deste deslocamento da verdade, posta em grau relativo para escanteio, a arena central do dispositivo processual passa a ser ocupada, por exemplo, por novos princípios reitores externos ao processo: a democraticidade e a constitucionalidade, com os quais a verdade passa a ter de dialogar.

Nessa linha o autor interroga as propostas de reforma do Código de Processo Penal no Brasil, revelando o que nelas há de correspondente ao estado de direito e o de que, apesar das intenções, revive em outras vestes as conhecidas práticas autoritárias.

Geraldo Prado, Luis Gustavo Grandinetti Castanho de Carvalho e Rui Cunha Martins buscaram pela via destes diálogos luso-brasileiros estreitar a cooperação entre distintas, mas convergentes, formas de encarar os problemas que afligem quem atua na área penal, no Brasil, e contribuir para solidificar os caminhos que a jovem democracia brasileira ainda percorre em sua busca por menos violência e mais justiça social.

Ter dado um passo, pequeno que seja, nessa direção, é motivo de alegria que se deseja compartilhar com o leitor.

CAMPO JURÍDICO E CAPITAL CIENTÍFICO: O ACORDO SOBRE A PENA E O MODELO ACUSATÓRIO NO BRASIL – A TRANSFORMAÇÃO DE UM CONCEITO[1-2]

GERALDO PRADO[3]

«Compreender... parte de não aceitar o mundo tal como ele aparenta ser.» – SUSAN SONTAG

INTRODUÇÃO

O texto deste trabalho surgiu de angústias e conversações... conversações sobre angústias. O lugar em que foi pensado não poderia ter sido melhor: o Instituto de História e Teoria das Ideias da Universidade de Coimbra. E os diálogos travados com o pensador Rui Cunha Martins, no âmbito de um projeto mais alargado, de reflexão sobre a construção sócio-político-económica das categorias centrais do processo penal teria de rumar para o tema

---

1 Tese de pós-doutoramento em História das Ideias e das Culturas Jurídicas, pelo Centro de Estudos Interdisciplinares do século XX da Universidade de Coimbra.

2 Agradeço à pesquisadora Fernanda Peixoto pelo trabalho de organização de texto e bibliografia.

3 O autor é Desembargador do Tribunal de Justiça do Rio de Janeiro, Pós-doutor em História e Teoria das Ideias pela Universidade de Coimbra, Doutor em Direito pela UGF e Professor-adjunto de Direito Processual Penal da UFRJ.

central das democracias em Estados cuja tradição autoritária consolidara-se fortemente no século XX.

Como investigador do processo penal brasileiro incomodava-me a persistente evocação de práticas autoritárias em um processo penal cujas linhas gerais, traçadas pela Constituição de 1988, não comportavam interpretação dessa natureza.

Sem dúvida que o estado da arte do processo penal, como saber jurídico, pouco podia socorrer-me em minhas aflições. Afinal, o passar de olhos pela literatura sobre o assunto no Brasil, malgrado as distintas densidades das abordagens, parecia indicar o sucesso do processo democrático em dotar o Sistema de Justiça Criminal das ferramentas jurídicas adequadas para harmonizar o processo penal com as orientações extraídas dos principais textos de direitos humanos.

Como magistrado eu sabia que isso, porém, não correspondia à realidade onde quer que o Sistema de Justiça Criminal se manifeste.

A questão, portanto, residia em interrogar o que assegurava a permanência das citadas práticas autoritárias, em um ambiente aparentemente esquizofrênico no qual discurso e ação estavam visivelmente desencontrados.

Claro que um problema dessa magnitude é bastante complexo e não se presta a ser abordado ou explicado por um ângulo exclusivo.

As ciências sociais no Brasil, à exceção do Direito, produziram material extenso e qualificado sobre permanências autoritárias em regimes democráticos, transição democrática, permeabilidades das práticas etc.

Pretendia, porém, que apesar do seu silêncio o Direito fosse capaz de me dar respostas e, até mais, de ter potencial transformador tendo em vista o pacto democrático vigente. Queria encontrar o lugar onde tocá-lo, provocá-lo, para que as práticas jurídicas respirassem ares menos infestados pela poluição causada pelo autoritarismo.

A minha experiência como julgador na área criminal e investigador e professor de processo penal definia, assim, meu horizonte existencial e estava na base das angústias que se potencializaram na década de 90, mas não pareciam a caminho de serem aplacadas neste início de século XXI, pois mesmo com o inegável avanço dos estudos sobre processo penal, a produção legislativa perseverava em seguir caminhos ambíguos, ora fortalecendo o estado de direito, ora concedendo vantagens ao poder punitivo ao custo das garantias que são cláusulas pétreas constitucionais.

Também incomodava sentir a resistência que profissionais do direito de todas as áreas opunham ao modelo de processo penal designado de forma pejorativa como «garantista».

Eu presenciara nos anos 90 militantes do direito alternativo e os juristas críticos serem deslocados para as margens do território onde se definia a responsabilidade penal das pessoas. O discurso de desconstrução do modelo positivista, claramente dominante em outros países, estes com alguma tradição de estado de direito, era na melhor hipótese pura e simplesmente ignorado.

Em outras palavras: com independência da qualidade dos argumentos e até da própria literalidade da Constituição da República, o discurso de crítica ao positivismo jurídico esbarrava na ignorância deliberada sobre seu caráter de fundamentalidade. Sabia-se, ainda, que era uma espécie de positivismo que no Sistema Penal brasileiro andava mais rasteiro em termos de embasamento das suas práticas do que em outros lugares.

Apesar disso, a comunidade jurídica em sua maioria tendia a continuar atuando sob sua inspiração.

Como não acredito em teorias da conspiração e pactos antidemocráticos, a primeira hipótese que aventei dizia com a própria formação ideológica e técnica dos profissionais da área jurídica. Algo nessa formação os imunizava contra a tentativa de problematizar o positivismo jurídico e as práticas mais agudas na área criminal.

Há obras específicas sobre ensino jurídico no Brasil. Em sua maioria, no entanto, tais trabalhos dedicam-se a explorar a questão curricular, bastante aperfeiçoada nos últimos quinze anos, sem que se perceba significativa alteração das citadas práticas.

Havia algo entre a Universidade, ou entre as Faculdades de Direito, e o foro que mediava o discurso mais consistente produzido nos últimos tempos na academia, filtrando este discurso e condicionando decisivamente a sua aplicação.

O desafio, portanto, se colocou nesse nível: identificar este «espaço do meio» e procurar entender seu funcionamento.

Nesta etapa senti necessidade de me socorrer da noção de *campo*, cunhada por Pierre Bourdieu. Afinal, estava diante de um «território» claramente delineado, embora não rigorosamente confinado.

O *campo jurídico* comporta agentes que tem formação e origem diversas. E é constituído por instituições de natureza política. Há práticas políticas no *campo* e a razão política impera para além das considerações teóricas e com independência da consistência do discurso científico.

Na sequência e em busca das explicações sobre permanências autoritárias interroguei a base ideológica de formação dos *agentes do campo* que exerciam posição hegemônica e a correlação de forças, internas e externas ao campo, para entender porque predominavam as soluções autoritárias.

A identificação da constituição do *capital científico* mostrou-se determinante para ajuizar os termos do embate no interior do campo e para onde tendiam a se inclinar as políticas relativas ao Sistema de Justiça Criminal.

Trabalhando, portanto, com tais categorias e a dinâmica que lhes é peculiar, procurei investigar e entender como era possível *ignorar* as insuficiências teóricas do positivismo jurídico e seguir interpretando e aplicando a Constituição com ferramentas denunciadamente impróprias e superadas.

Repertório, autoria, *fronteira* e *memória* foram termos decisivos na percepção das estratégias de recuperação das práticas autoritárias e de sua sustentação política na atualidade.

Optei por me valer de um «exemplo de fora», da atuação de Edmund Mezger na denominada «polêmica das escolas penais» na Alemanha, para ilustrar como *campo, capital científico, autoria, repertório* e *memória/esquecimento* são articulados politicamente.

Pareceu-me metodologicamente válido e mais didático recorrer a exemplo extremo para dele investigar a maneira mais sutil como, ordinariamente, em um contexto neoliberal é possível chegar a resultados próximos, claro que aparentemente não tão dramáticos, de não ponderação das consequências concretas da aplicação de teorias penais (em geral) na vida das pessoas.

Reitero que não acredito em teorias da conspiração. Tampouco duvido da sincera adesão dos profissionais da área jurídica ao ideal de democracia. A questão é que há várias teorias democráticas e a própria noção de democracia não é unívoca, prestando-se a plurais e às vezes antagônicas representações.

Conclui o trabalho com a apresentação da Seção 2, que trata diretamente do texto do projeto de um novo Código de Processo Penal.

Sem dúvida que a totalidade dos membros da Comissão de Juristas encarregada de preparar o anteprojeto de Código de Processo Penal milita em favor da democracia. Muitos lutaram contra a ditadura no Brasil.

A questão envolvida na Seção 2 está mais centrada na argumentação de base para invocar a constitucionalidade do *plea bargaining* entre nós do que em qualquer simetria, inexistente, com propostas autoritárias.

Procurei demonstrar nessa parte do trabalho que a mesma perversão que aflige o positivismo jurídico se verifica quando se tenta *modelar* categoria processual penal purificada de qualquer contágio, separando seus elementos e tornando a juntá-los para demonstrar quão acertado se trata de chamá-la de sistema acusatório.

Há sempre alguma dose de arbitrariedade na conformação dos modelos jurídicos, por isso é fundamental a atenção às consequências da implantação de institutos e o exame da sua repercussão por vários ângulos e não, exclusivamente, pelo da conveniência do Poder.

A única simetria, pois, entre o exemplo que consta da Seção 1 e o tema da Seção 2 está na identidade da estratégia de suprimir o debate sobre as consequências práticas da introdução e aplicação do *plea bargaining* no Brasil, como se tal abordagem não interessasse à doutrina do processo penal.

Interessa e faz parte da teoria jurídica crítica do processo penal.

Os trabalhos teóricos tendem a ser densos e muitas vezes por essa razão afastam o leitor. Os temas que aqui foram tratados são complexos. Ainda assim, optei por uma aproximação que chamo de «ingênua», para simplificar a compreensão de determinadas categorias, premissas e de pressupostos da tese.

É intuitivo que assuntos da grandeza dos da teoria do conhecimento não se traduzam em termos tão simples como os que foram empregados por mim. Preferi, porém, seguir esse caminho.

Minha expectativa, além da generosa compreensão dos estudiosos de filosofia e epistemologia, é que a opção que me parece mais didática incentive o aprofundamento do conhecimento do leitor em temas cruciais para a formação competente do profissional do Direito.

Agradeço a Rui Cunha Martins e a Gustavo Grandinetti. A ambos pelo profícuo diálogo, pela paciência e pela estimada amizade. E ao Rui também pela extraordinária recepção em Portugal.

Quando viajei para Coimbra meu pai adoeceu. Infelizmente ele não viu o resultado destes estudos, mas sei que se ele tivesse sobrevivido o suficiente sentiria orgulho de ter ensinado seu filho a lutar por um mundo mais justo e menos cruel.

Dedico este trabalho ao «Seu Carlinhos».

Seção 1

I

Como sabemos o que sabemos? A indagação cuja resposta, em realidade, fundamenta a nossa inserção no mundo, não é fácil, simples ou tranquila, de modo a que seja aceita consensualmente, quer entre cientistas, quer entre filósofos.

Isso não significa que seja desprovida de interesse. Ao contrário, a compreensão de *mundo* compartilhada pelas pessoas orienta a vida cotidiana e serve de substrato ou parâmetro para que se possa atestar a *veracidade* ou *falsidade* de premissas e proposições. É essa compreensão compartilhada que configura o contexto em que estão inseridos os fatos e que, por sua vez, confere inteligibilidade aos acontecimentos.

As pessoas se orientam no mundo com lastro nos significados relativamente comuns que atribuem aos acontecimentos cotidianos e que estão na base dos valores que abraçam.

O entendimento das condições de constituição dos contextos é fundamental, segundo defendo, para apreender a ideologia dominante em sociedades precisas, em determinado período.

A abertura ou encerramento dos horizontes de possibilidade das sociedades humanas estão condicionados pelo contexto que permite ou veda, conforme o caso, alguns temas, certas abordagens etc. mediante regras ou leis aceitas *a priori*.

Em um mundo *físico*, por exemplo, no qual vigora *a lei* que rege que «a menor distância entre dois pontos é dada por uma linha reta», ou «que entre dois pontos quaisquer, pode-se desenhar uma linha reta», afirmar algo diferente implica em estabelecer uma proposição falsa, incompreensível para os que compartilham a *verdade* ditada pela referida *lei* e, pois, a proposição dita *falsa* torna-se inaplicável neste mundo *físico* para dar conta dos problemas que se apresentam aos comuns mortais.

De acordo com Bernhard Riemann,[4] em palestra proferida em 10 de junho de 1854, em Göttingen, conforme a «geometria elíptica» é possível estabelecer que a distância mais curta entre dois pontos *não* é uma linha reta, «mas sim o segmento de um grande círculo, cujo centro coincide com o centro da esfera».[5] Com base nessa proposição, salienta Mario Livio, um século depois as companhias aéreas puderam aproveitar-se da geometria hiperbólica e definir rotas mais curtas entre os continentes, não por meio de uma «linha reta», mas através de um grande círculo que inicialmente ruma para o norte.

A *primeira lei*, em verdade proposição geométrica, foi concebida em 300 a.C., e fez parte do conjunto de proposições que constituíram a base da denominada «geometria euclidiana».

---

4 LIVIO, Mario. *Deus é matemático?* Rio de Janeiro: Record, 2010: 187-189.

5 *Idem, ibidem.*

A sua importância, em um mundo que transitava dos fundamentos mágicos de sua existência, fincados em mitos, para a era histórica, em que a relação de causa e efeito parecia explicar o que os sentidos percebiam, pode ser extraída da afirmação atribuída a Platão por Plutarco: «Deus sempre geometriza».

A frase encerra uma ideologia e séculos adiante irá configurar o contexto de constituição da denominada modernidade ocidental, em uma combinação de tradições religiosas e científicas que consagraram ambas as narrativas como as únicas explicações competentes dos fenômenos. O domínio ideológico de ambas as tradições teve lugar na Europa ocidental – e de lá alcançou o restante do planeta, paulatinamente, nos processos de conquista e colonização que marcaram os séculos XVI a XIX – sendo percebido em um nível de superioridade em face dos demais saberes que se exprimia pela redução de todos estes saberes não científicos ou não religiosos a algo próximo à magia ou coisa do gênero.

«Deus sempre geometriza.»

A especial reputação de que desfrutou a racionalidade científica, no alvorecer da modernidade ocidental, tinha lastro no pensamento abstrato apto a dar conta de diferentes problemas e explicar a realidade, e na conformidade da própria *realidade* à razão instrumental, pois na época parecia evidente a compatibilidade do pensado com as hipóteses construídas ou leis naturais descobertas.

Essa condição de superioridade da racionalidade científica reivindicava certezas à partida, para além da representação de mundo que os seres humanos poderiam cogitar. Por suposição e à diferença das explicações míticas, a *certeza científica* escorava-se na realidade sensível e apreensível.

Para o desenvolvimento deste trabalho pode-se afirmar que a geometria jogou importante papel na consolidação da ideologia que elegera a ciência como forma privilegiada de acesso à verdade.

Basta lembrar, a título de ilustração, que a geometria euclidiana conferiu especial *status* à forma, deu-lhe crédito de *realidade indiscutível* e estabeleceu a premissa que por milênios haveria de sustentar as convicções no mundo ocidental: há um «espaço» e este «espaço» prescinde de ser *explicado*. Ele simplesmente existe. Não se trata de *criação humana*. Cuida-se de uma dimensão indiscutível, incontestável, premissa da qual decorreriam conclusões que serviriam de alicerce ao pensamento («sobre o mundo»).

Releva observar que ao estabelecer esse nível de abstração que, repita-se, alcançou enorme prestígio e configurou o eixo em torno do qual se constituíram as matemáticas, a geometria euclidiana prestou, ainda, outro favor ao pensamento ocidental e é isso que importa na presente investigação. Ela indicou a possibilidade de um juízo de *certeza* e de *verdade* que, em minha opinião, não antagonizou com o juízo de certeza e de verdade extraído das mitologias e, principalmente, das religiões. Antes, convergiu na direção dos dogmas e das crenças e assentou as bases da convicção de que era possível *saber e afirmar algo com exatidão*!

Na constituição de quadros mentais isso era importante, pois estar no mundo demandava *segurança*! Em outras palavras: saber *onde estou* e predizer, com alta probabilidade, o futuro, na lógica de que «*todo* evento é causado por um evento que o precede, de modo que se poderia predizer ou explicar qualquer evento»,[6] constituiu o tipo de crença capaz de gozar de grande prestígio, como de fato gozou, algo como o primado da certeza!

Do ponto de vista psicológico o enfrentamento de uma natureza hostil reivindicava crenças ou convicções que haveriam de estar ancoradas em algo mais que as explicações mágicas e míticas da experiência humana. A ordem no lugar do caos, a verdade no da incerteza, a previsibilidade no da insegurança em relação ao futuro. A ciência como saber instrumental vinha preencher a lacuna que surgiu quando os seres humanos começaram a abandonar as explicações transcendentais da nossa existência.

Os fundamentos ideológicos da ciência instrumental foram concebidos, pois, no Ocidente, estruturados nessa relação umbilical entre verdade – ordem – segurança. Ilya Prigogine irá realçar que a «ciência clássica privilegiava a ordem, a estabilidade...».[7]

Nestes termos insisto em que a geometria tradicional conformou um paradigma de *certeza* que constituiu a base para a ordem e estabilidade. E aí, se algo podia ser afirmado de modo indiscutível, como *verdade absoluta*, esse algo era então comparado à geometria. Mario Livio refere-se, a título de exemplo, à obra de Spinoza (1632-77), *Ética, demonstrada na ordem geométrica.*[8]

Assim também procederam Hume e Kant. Quer nas *Investigações sobre o entendimento humano*, ou na *Crítica da razão pura*, a ilustração para o verdadeiro, imunizado contra os enganos dos sentidos humanos, era extraída por comparação às proposições geométricas. Estas proposições, supunha-se, resultavam de «mera operação do pensamento, sem dependência daquilo que exista em qualquer lugar do universo», em um mundo cujo *a priori*, isto

---

6 Karl Popper *apud* Ilya Prigogine, em *O fim das certezas: tempo, caos e as leis da natureza.* São Paulo: Editora da Universidade Estadual Paulista, 1996: 9.

7 Prigogine, Ilya. *Op. cit.*, p. 12.

8 Livio, Mario. *Op. cit.*, p. 178.

é, aquilo que não procederia de nossa consciência como construção, seria a *representação de espaço* que «apoia a certeza claramente demonstrada de todos os princípios geométricos e a possibilidade de sua construção *a priori*».[9]

Semelhante cenário estava dotado das condições necessárias à conformação de formas de pensamento que admitiam, *por natural*, no mundo ocidental, a prerrogativa da ciência, em tese superior às demais crenças (ou saberes), e mais do que isso, reivindicavam para a ciência o *status* que até então fora ocupado politicamente pela religião.

Este contexto definido como positivista tinha por base a crença, ainda hoje presente e compartilhada pelo senso comum, de que a ciência se caracterizava pela pretensão de ser universal e a-histórica. Daí a sua suposta infalibilidade e neutralidade, o que a rigor valeria igualmente para as ciências sociais!

Alan Chalmers sustentará que positivistas da ciência, entre os quais o «próprio Popper... buscava(m) demarcar o limite entre a ciência e a não-ciência em termos de um método característico de todas as ciências, inclusive as sociais».[10]

Com efeito, o discurso científico em qualquer área, mesmo no campo das ciências sociais, seria superior ao religioso e ao metafísico porque estruturado racionalmente, conforme métodos apropriados ao enfrentamento dos fenômenos e à sua avaliação criteriosa.

Chalmers destacará que o caráter universal da ciência resultava da caracterização geral da própria ciência, «no sentido de que se tencionava que fosse igualmente aplicada a todas as teses científicas».[11] E, prossegue o autor, a «explicação que se buscava para a ciência seria a-histórica no sentido de que deveria aplicar-se tanto às teorias passadas como às contemporâneas e às futuras».[12]

Evidentemente que no mundo acadêmico, principalmente a partir da segunda metade do século XX, a segurança ideológica em tese caracteri-

---

[9] Livio, Mario. *Op. cit.*, p. 179.

[10] Chalmers, Alan. *A fabricação da ciência.* São Paulo: Ed. Unesp, 1994: 15-16. O campo científico abrangerá as ciências sociais e operará nelas com igual intensidade na determinação do pano de fundo de constituição do mito positivista: a *tradição* de sua superioridade (do campo científico) em face de formas alternativas de compreensão dos fenômenos sociais, ponto fundamental desta tese.

[11] Chalmers, Alan. *Op. cit.*, p. 15.

[12] *Idem.* Ver ainda Popper, Karl. «A meta da ciência», *Conhecimento objetivo.* Belo Horizonte: Itatiaia, 1999: 180-191.

zada pelo acesso privilegiado da ciência à verdade passou a ser abertamente contestada.

Antes disso a filosofia, na segunda metade do século XIX, questionou o *status* que ela própria também atribuíra à verdade.

Não custa, porém, lembrar que coube à filosofia ocidental, no seu alvorecer, na Grécia Antiga, desgarrar-se das explicações míticas com apoio na mesma noção geral de verdade.

Paulo Ghiraldelli Jr. conta a história desse descolamento dos mitos da seguinte maneira, valendo transcrever o trecho:

> «A filosofia, como a entendemos no Ocidente, nasceu na Grécia Antiga... Em parte, ela surgiu como algo que se desgarrou da narrativa mitológica e acabou se voltando contra esta. Os mitos narram o nascimento, a criação, a vida e, às vezes, a morte dos povos ou o desaparecimento do mundo... A filosofia, de certo modo, é uma conversação e também uma narrativa sobre tudo isso.
>
> Todavia, quando se colocou contra os mitos, ela o fez dizendo que estes contavam muitas coisas mas não eram uma *boa explicação*, eles não eram a "explicação correta", "verdadeira".»[13]

A *boa explicação* dos fenômenos haveria de ser apreendida como aquela capaz de dar conta deles quer em uma relação de causa e efeito deduzida de uma cadeia plausível de fatos, quer pelo emprego da razão, ambiente e ferramenta por excelência do filosofar. Ou, como salientou Ghiraldelli Jr., a «filosofia... seria *a* explicação do mundo – uma explicação racional, isto é, *com* a razão e *pela* razão».[14]

A milenar e interminável história da filosofia ocidental percorreu os caminhos da indagação sobre o *real* à interrogação sobre o *conhecimento do real*, que distinguiu os filósofos antigos dos modernos e instaurou o reinado da subjetividade. Em todo caso, a *verdade* dominava o ambiente, quer porque *desvelada*, quer ainda porque *evidente*.[15]

O itinerário filosófico de busca da verdade, que entre os modernos forjou a noção de subjetividade em seus vários matizes, como advertiu Ghiraldelli Jr., esbarrou na crítica contemporânea à filosofia da consciência, que consistiu, também, na crítica da semântica própria à filosofia da cons-

---

13 Ghiraldelli Jr. Paulo. *Neopragmatismo, Escola de Frankfurt e Marxismo*. Rio de Janeiro: DP&A, 2001: 25-26.

14 *Idem, ibidem*.

15 *Idem, ibidem*, p. 38.

ciência e à noção de sujeito «consciente de seus pensamentos e responsável por seus atos».[16]

Filosoficamente, a liberdade dos modernos encontrava no indivíduo politicamente soberano, autônomo moralmente e alforriado para conhecer o mundo o porto seguro da consciência capaz de emancipá-lo (quer o homem empírico, quer o ser humano abstrato).

A retórica da liberdade dos modernos conquistou o mundo na sucessão de revoluções (americana e francesa) do século XVIII e inspirou a convicção plena da superioridade da razão, certificada pelo pensamento filosófico ocidental dominante.

A tríade «racionalismo, humanismo e procedimentalismo», entendido o último termo como domínio de métodos e critérios adequados à consecução de projetos e realização de fins, forjou o quadro mental que tomou conta da modernidade ocidental e paulatinamente dominou o imaginário popular.

Para isso, claramente contribuíram as revoluções industriais e o desenvolvimento bélico, que exprimiam uma determinada forma de «progresso» da civilização, cuja expansão e domínio global foram levados a cabo pelas potências colonizadoras especialmente nos séculos XIX e XX com apoio em crescentemente sofisticados aparatos tecnológicos.

Ghiraldelli Jr. salientou, todavia, a crítica da filosofia contemporânea à ideia de «progresso» e destacou que no século XX Heidegger e os precursores e líderes da Escola de Frankfurt, Adorno e Horkheimer, ligaram a metafísica da subjetividade aos malefícios da tecnologia, em um processo de desumanização do ser humano.[17]

Herbert Marcuse, outro importante filósofo integrante da Escola de Frankfurt, colocou em relevo que a atitude tecnológica dominante despia o indivíduo de sua individualidade e fomentava uma nova mentalidade, configurada por meio de uma «mecânica da submissão».[18]

---

[16] Ghiraldelli Jr. *Op. cit.*, p. 57. O autor acrescentará ainda, no continente das subjetividades constituídas pelo «eu» (consciência individual), pela «pessoa» (consciência moral), pelo «cidadão» (consciência política) e pelo «sujeito epistemológico» (consciência intelectual), que: «A subjetividade assim composta, como consciência que se manifesta nessas quatro formas principais, é a instância na qual o homem (empírico ou abstratamente genérico) *deve* participar, segundo pregaram a filosofia moderna e a doutrina do humanismo filosófico» (p. 51 da mesma obra).

[17] Ghiraldelli Jr. *Op. cit.*, p. 42.

[18] Marcuse, Herbert. «Algumas implicações sociais da tecnologia moderna», *Tecnologia, guerra e fascismo: coletânea de artigos de Herbert Marcuse*. São Paulo: Ed. Unesp, 1999: 82. É preciso ressaltar que a crítica de Marcuse não se dirigia à tecnologia em si, mas à característica subjetividade contemporânea e a instrumentalização dos avanços tecnológicos, conforme racionalidade permeada por um tipo de individualismo que definia como «a forma

Em alguma medida as condições para a crítica à subjetividade haviam sido formuladas anteriormente por Nietzsche, no século XIX. Nietzsche dirigiu ataques à filosofia da consciência e cobrou dos modernos o desalojamento do «conforto metafísico» proporcionado pela busca da verdade.

«A subjetividade moderna prometia certeza com aval da verdade»,[19] dizia-se. Mas como confiar na própria subjetividade?

Mais uma vez vale recorrer às palavras de Ghiraldelli Jr. para denotar o grau de transformação por que passou a filosofia ocidental contemporânea, abalando os alicerces da crença indiscutível em uma «verdade»:

> «Se Marx considerou o sujeito uma produção ideológica, Nietzsche, por sua vez, considerou-o uma ficção – uma ficção gramatical. Ele disse que desenvolvemos a linguagem na medida em que deixamos de ser guerreiros, selvagens, e passamos a viver em uma situação de paz, comunitariamente. Vivendo socialmente, criamos a linguagem. Montamos a linguagem de um modo tal que obrigatoriamente, pela estrutura da gramática que forjamos, colocamos um *sujeito* para desempenhar uma *ação* em nossos enunciados. O sujeito não é uma estrutura ontológica, mas *apenas* linguística, comunicacional; no entanto, passamos a substancializá-lo metafisicamente e acreditar que ele é uma entidade ontológica (ou, então, ontologizamos a própria linguagem) porque somos vítimas do crescente niilismo da história, ou seja, o crescente desgosto pela vida.» [20]

A «verdade» e a «certeza» não foram guerreadas exclusivamente no campo filosófico. Como patenteado linhas atrás, também os críticos do método científico balançaram as convicções acerca da superioridade do saber instrumental, calcado na *verdade*, e tencionaram demonstrar como igualmente neste território havia disputas de poder, internas e com outros saberes, portanto externas também.

O persistente processo de deslocamento do debate sobre o papel do poder na ciência, remetendo-o à periferia por meio da alegada neutralidade científica é denunciado no ambiente acadêmico. Mesmo categorias que durante séculos constituíram «lugar comum», de onde se partia, porém

---

que a liberdade assume em uma sociedade na qual a aquisição e a utilização da riqueza dependem do trabalho competitivo». Marcuse ressalvou sua objeção à técnica, ao destacar que a «técnica impede o desenvolvimento individual apenas quando está presa a um aparato social que perpetua a escassez, e este mesmo aparato liberou forças que podem aniquilar a forma histórica particular em que a técnica é utilizada». Este autor da Escola de Frankfurt confiava que em outro contexto, não colonizado pela racionalidade instrumental, o «progresso tecnológico possibilitaria diminuir o tempo e a energia gastos na produção das necessidades da vida, além de uma redução gradual da escassez» (*op. cit.*, respectivamente p. 99, 101 e 103).

[19] Ghiraldelli Jr. *Op. cit.*, p. 55.

[20] *Idem, ibidem*, p. 55-56.

sem nunca questionar o próprio lugar da «partida», passaram a ser vistas como categorias contingentes, elaboradas ou criadas em processos sujeitos a diversificados tipos de influência. Categorias sujeitas, pois, elas próprias, à interrogação, questionamento, investigação, dúvida e crítica.

Um dos críticos mais rigorosos do método científico, Paul Feyerabend, afirmou com razão, sobre a categoria «fato», aparentemente «neutra», que:

> «"Fatos" surgem de negociações entre grupos diferentes, e o produto final [*da atividade científica*] – o relatório publicado – é influenciado por eventos físicos, processadores de dados, soluções conciliatórias, exaustão, falta de dinheiro, orgulho nacional e assim por diante.»[21]

«Experimentação», «observação», «fato», «evento» foram despidos dos trajes majestosos que a ciência instrumental – na realidade, os pensadores da ciência – forjara nos primórdios da modernidade.

Muitos acadêmicos colocaram em perspectiva a designada *superioridade* da ciência, em especial a partir da segunda década do século XX, mas principalmente depois da II Guerra Mundial e por conta da comprovação empírica das mais sombrias profecias sobre a desumanização proporcionada pelo emprego das tecnologias de destruição.

De um lado, denunciou-se a falácia da objetividade e das condições de constituição de métodos científicos gerais, neutros e, pois, apolíticos, universalmente válidos para a ciência. A *ideologia* imiscuiu-se decisivamente neste processo.

Susan Sontag, citada na epígrafe deste texto, em belíssimo ensaio sobre a fotografia questionou a noção de *evento* e posicionou-se de sorte a esvaziar a categoria da objetividade pretendida pela ciência.

Segundo suas palavras:

> «Embora um evento tenha passado a significar, exatamente, algo digno de se fotografar, ainda é a ideologia (no sentido mais amplo) que determina o que constitui um evento.»[22]

De outra parte, o enfoque instrumental do saber científico reivindicou que se formulasse a indagação elementar: instrumento a serviço do quê ou de quem?

A destruição em massa na II Guerra Mundial (não apenas durante a II Guerra; antes e depois também), viabilizada pelo emprego de tecnologias desenvolvidas especificamente para isso no mais alto nível de pesquisa científica, patrocinada por governos e empresas privadas, desenganou a respeito

---

[21] FEYERABEND, Paul. *Contra o método.* São Paulo: Ed. Unesp, 2007: 14.

[22] SONTAG, Susan. *Sobre fotografia.* São Paulo, Companhia das Letras, 2004: 29.

das políticas científicas, com tudo aquilo que elas proporcionam: disputa por verbas, espaços nas publicações respeitadas no mundo acadêmico etc.

Em outras palavras, não há como negar o papel da economia simbólica relativamente ao *status* proporcionado pela condição de cientista. O jogo do poder está presente em todos os campos da ciência, incluindo aí as ciências sociais, a denunciar que valores como «verdade», «certeza» etc. têm muito pouco de objetivo e muito de instrumental aos interesses das elites políticas, econômicas e sociais.

Por essa razão também as Ciências Sociais – e o Direito – foram agitadas pelo turbilhão crítico que atravessou os anos 60 e 70 do século XX.

No que concerne ao Direito nessa época e por ângulos diversos, com razão total ou parcial, o positivismo jurídico foi considerado culpado pela teorização de um modelo de direito alienante e ratificador do *status quo*. Encerrado em si próprio e respaldado nas elites econômicas e políticas que usufruíam das benesses de um discurso jurídico tido como superior e blindado contra as tentativas de *invasão* dos demais saberes, havidos como auxiliares, sob o pálio do positivismo o Direito investiu-se de autonomia em tal grau que desprezava a realidade cotidiana e a opressão que seus instrumentos coercitivos punham à disposição das forças políticas dominantes.

Durante o século XIX e boa parte do seguinte a sua discutível condição de ciência sequer era cogitada e o rigorismo de alegados métodos de subsunção às normas abstratas, cunhadas sob o mito de uma legitimidade popular resultante da democracia representativa, como expressão da vontade e soberania do *povo*, jogava para escanteio os esforços de sociólogos, historiadores e antropólogos, que denunciavam a falsidade da premissa, o caráter elitista dos parlamentos, os jogos de interesses e o papel do fenômeno jurídico encapsulado dessa forma, como mantenedor da ordem que distribuía bens aos grupos sociais privilegiados e castigo às camadas e classes sociais desfavorecidas.

A aliança bem sucedida entre a interpretação e aplicação positivista do Direito e o exercício dos poderes pelas elites alimentou reciprocamente ambos os lados e consolidou uma classe de intelectuais/políticos, organizada para dar conta de discursos capazes de sustentar o exercício do poder e confinar as resistências ao âmbito do *ilícito*.

Esse sucesso foi percebido claramente durante o nazismo,[23] mas pode ser rastreado até o início do século XIX, quando a combinação ideológica

---

[23] A extraordinária coleção, coordenada pelo jurista argentino Eugenio Raúl Zaffaroni, denominada *El penalismo olvidado* (Buenos Aires: Ediar, 2009 e 2010), que conta com textos de Filippo Grispigni, Edmund Mezger (La reforma penal nacional-socialista), Karl Binding

entre a superioridade do pensamento científico e os destinos maiores da espécie humana consolidou o quadro de supremacia do capitalismo e autorizou o projeto capitalista de neocolonização dos *bárbaros contemporâneos*, reticentes diante da *nova verdade* pregada pela ciência. As ciências e, entre elas, especialmente o Direito, tornaram-se o Novo Evangelho, que deveria ser difundido em todos os lugares, levando a ordem em prol do progresso da civilização.

Com o discurso da dominação em prol dos dominados e do Direito como *Livro Um* do novo evangelho da colonização, apoiado na mística da representação e na sabedoria dos operadores jurídicos, moldada pela compreensão e domínio rigorosos do método jurídico (na realidade, das técnicas do positivismo que eram anunciadas como a superação racional dos problemas que o Direito até então enfrentara), a proposta de ordem baseada na verdade absoluta triunfou. Somente o choque causado pela barbárie nazista, compreendida ainda em termos de funcionamento da sociedade e da burocracia estatal, amparado em um direito violador da dignidade da pessoa humana, ensejou a revisão das premissas que por mais de um século haviam servido de sustentáculo ao edifício do positivismo jurídico.

A crítica potente ao positivismo jurídico, nas décadas de 60 e 70, tinha, portanto, respaldo na história recente e nos abusos ainda vivos na memória dos que conviveram ou coexistiram com *Auschwitz-Birkenau* e outros campos de concentração e extermínio.

Assim, a teoria crítica ressurgiu e Antonio Carlos Wolkmer descreveu a trajetória da crítica jurídica no Ocidente como resultado das inquietações e necessidades do estágio de desenvolvimento da modernidade, pois que «as verdades teológicas, metafísicas e racionais que sustentaram durante séculos as formas de saber e de racionalidade dominantes não conseguem mais responder inteiramente» às demandas existenciais dos novos tempos.[24]

O citado autor sublinhou, resumindo o fundamento das resistências intelectuais ao modelo positivista, que:

---

e Alfred Hoche (La licencia para la aniquilacion de la vida sin valor de vida) e Adolphe Prins (La Defensa Social y las transformaciones del derecho penal) relata uma parte significativa, todavia esquecida dessa história de préstimos do Direito aos regimes totalitários no século XX. Talvez como maior razão em virtude do tema é também indispensável a leitura do trabalho de Massimo La Torre, La lucha contra el derecho subjetivo: Karl Larenz y la Teoria Nacionalsocialista del derecho (Madri: Dykinson, 2008) e o conjunto de artigos, publicados sob o título The rule of law under siege, de autoria de Franz L. Neumann e Otto Kirchheimer (University of California Press, Berkeley, 1996).

[24] Wolkmer, Antonio Carlos. *Introdução ao pensamento jurídico crítico.* 6. ed. São Paulo: Saraiva, 2008: 1.

«A moderna cultura liberal-burguesa e a expansão material do capitalismo produziram uma forma específica de racionalização do mundo. Essa racionalização, enquanto princípio organizativo define-se como racionalidade instrumental positiva que não liberta, mas reprime, aliena e coisifica o homem.»[25]

Como projeto para reverter este processo de captura da vida e da liberdade das pessoas pelo Direito, as diversas correntes e movimentos de crítica centraram fogo na substituição do paradigma jurídico tradicional, formal-positivista ou idealista-metafísico, por concepções de emancipação que convertessem o Direito de obstáculo à transformação social em alavanca das mudanças necessárias à expansão do bem-estar e da cidadania.

Parte da academia dava o troco na pretensão de superioridade da razão instrumental. *Verdade absoluta, certeza, ordem e estabilidade* constituíram o piso sobre o qual a ciência erguera a cidadela simbólica da perfeição e da ordem. Tais categorias converteram-se em dogmas. Elas foram celebradas à exaustão e tomaram conta do cotidiano, quer por causa dos inegáveis avanços tecnológicos que melhoraram significativamente a vida das classes médias dos países centrais, tornando-as alvo de cobiça e inveja das elites dos países *colonizados*, quer ainda em virtude de na esfera pública elas se apresentarem como fins que legitimavam os meios necessários à sua consecução. Mas a partir da segunda metade do século XX elas pareciam sucumbir diante da evidência de que a atividade científica não estava imune ao Poder, carecendo, pois, do escudo da neutralidade para proteger-se das acusações de *mau uso*, e porque a própria ciência avançou questionando o dogma que unia conhecimento completo e certeza, privilegiando a ordem. Em outras palavras compreendia-se agora que «A vida só é possível num universo longe do equilíbrio».[26]

No Direito a crítica postulou um tipo de conhecimento «que não é dogmático, nem permanente, que existe num contínuo processo de fazer-se a si próprio»,[27] conforme Paulo Freire defendia para o processo de conhecimento em geral. Acrescenta Wolkmer, destacando a peculiaridade do Direito que, em relação a ele, a teoria crítica opera atribuindo-lhe relevância sociopolítica, «ou seja, a plena eficácia ao discurso que conteste o tipo de justiça apresentado por determinado ordenamento jurídico».[28]

II

Muito embora em várias áreas da ciência a reação ao domínio ideológico do modelo de saber instrumental desenvolvido nos últimos séculos seja sentido internamente e em debates para além da própria academia, ainda que

---

[25] Wolkmer, Antonio Carlos. *Op. cit.*, p. 2.
[26] Prigogine, Ilya. *Op. cit.*, p. 30.
[27] Freire, Paulo, em Peluso, Luis. *O projeto da modernidade no Brasil.* Campinas: Papirus, 1994: 44.
[28] Wolkmer, Antonio Carlos. *Op. cit.*, p. 18.

em círculos restritos, a indagação que se impõe é a seguinte: Afinal, destronada em seu próprio reino, *por que a verdade absoluta, a certeza estribada no autoproclamado conhecimento completo, como base para uma inatingível ordem e estabilidade prossegue reinando no senso comum e, principalmente, persiste com elevada distinção mesmo entre profissionais cuja competência técnica haveria de colher os frutos das críticas à ciência, ao método científico, às tradições científicas ou, pelo menos, à ilusória neutralidade política da ciência?*

Não há dúvida de que ainda é assim. Se há um ponto de convergência entre os críticos do método científico tradicional e de sua ideologia, radicais ou moderados, este certamente reside no fato de perceberam no interior da comunidade científica, em número significativo, quem sustente e se faça ouvir nos termos dessa tradição questionada.

Os críticos acordam sobre o caráter ilusório da *ordem* e da falácia da neutralidade da atividade científica, quer na instituição dos *fatos* a respeito dos quais os cientistas se debruçam, quer sobre as reais intenções que os orientam e sobre o papel dos produtores das políticas científicas. O ceticismo quanto aos objetivos das políticas científicas não se confunde com a descrença na possibilidade de a ciência contribuir para a melhoria do bem-estar das pessoas em geral. Não é essa a questão!

O cerne do debate – e que interessa mais de perto à presente investigação – diz com a crença compartilhada por grande parte dos membros da comunidade, atualmente, na superioridade da ciência e em seu caráter de condutora dos destinos da humanidade.

Neste ponto as ciências sociais examinadas pelas lentes da mesma tradição positivista permanecem *senhoras* do imaginário popular e tem nele, em geral, o escudo contra os ataques das teorias críticas que, no campo do Direito, permanecem marginalizadas e na maioria das vezes veem o seu *status* de teorias em sentido estrito cassado.

No Brasil, no âmbito do processo penal, por exemplo, é bastante frequente o apelo à noção de *verdade real*, malgrado inteiramente desqualificada pelas inúmeras teorias da verdade que se desenvolveram no século XX.[29]

A instrumentalização da retórica retributivista e de ressocialização continua a designar as intervenções de políticos e juristas quando debatem sobre as sanções penais, sem embargo da evidente contradição entre ressocializar dessocializando e reintegrar marginalizando!

Manuais jurídicos e textos que circulam na web servem ao propósito de *adestrar tecnicamente* profissionais e futuros profissionais do Direito e

---

[29] Ver *Teorias de la verdad en el siglo XX*, organizado por NICOLÁS, Juan Antonio e FRÁPOLI, Maria José. Madri: Tecnos, 1997.

estes mesmos manuais parecem impermeáveis às críticas dirigidas à idoneidade das categorias principais com as quais trabalham. Não raro mesmo os tribunais reproduzem os termos míticos falaciosos do Direito como se estes fossem verdades sacralizadas, sem enrubescimento ou mesmo indício de que percebem a escassa densidade científica do que é afirmado como justificativa para as decisões.

O estudo dessa *deriva teórica*, pois, pede a contribuição da noção de *campo* desenvolvida por Pierre Bourdieu e que pode ajudar a fornecer parâmetros para a análise desse evidente divórcio entre teoria científica e senso comum teórico[30] no âmbito jurídico.

Bourdieu buscou escapar às armadilhas das tradicionais análises que tomam por objeto a ciência e que tem à partida a perspectiva semiológica, em busca de uma explicação extraída da autoevidência dos textos, ou das avaliações que arrancam da pretensão de relacionar diretamente texto e contexto, peculiar ao marxismo, para elaborar o conceito de campo, microcosmo relativamente autônomo, dotado de leis próprias.[31]

Segundo o autor, o *campo* constitui uma espécie de mundo social, porém sujeito «a leis sociais mais ou menos específicas».[32] Este universo comporta os agentes e as instituições que produzem, reproduzem e difundem a ciência (na hipótese da presente tese, o Direito).

---

[30] Warat, Luiz Alberto. O senso comum teórico dos juristas, em http://members.fortunecity.com/danilonl/luiz_alberto_warat.html, consultado em 30 de julho de 2011. Ninguém melhor do que o próprio Warat para apresentar a noção de senso comum teórico: «A ideologia em sua materialidade histórica determina um sistema de questões que comandam respostas favorecedoras de sua própria reprodução. É indubitável que a totalidade das respostas ideológicas constitui-se num corpo de conhecimentos. Precisando esta última afirmação, diríamos que o caráter abstrato da materialidade do ideológico aparece sob a forma de uma teoria ou, ainda, que o complexo de discursos mediante os quais se produz abstração da ideologia constitui o que nomeamos «senso comum teórico».

É preciso reconhecer que o «senso comum teórico» jamais se situa externamente à materialidade ideológica, quer dizer, não dispõe ele de um «nicho» protetor. Distinguiremos, pois, dois tipos de teorias: as ideológicas (senso comum teórico) e as científicas. As primeiras formam parte do real, as segundas reconstroem esse real social, ampliando-o com a compreensão de seus determinantes e condicionantes.

Aprofundando, agora, nossa reflexão sobre o primeiro tipo de teoria, o «senso comum teórico», diremos que ele representa um sistema de conhecimentos que organiza os dados da realidade, pretendendo assegurar a reprodução dos valores e práticas predominantes. Trata-se de um discurso que oferece respostas que apenas aludem ao real e comandadas por interesses que tomam a forma de princípios ou diretrizes. Assim, não é difícil ver que o senso comum teórico apresenta um conjunto de questões onde as respostas já são sobredeterminadas.»

[31] Bourdieu, Pierre. *Os usos sociais da ciência: para uma sociologia clínica do campo científico*. São Paulo: Ed. Unesp, 2004: 20.

[32] *Idem, ibidem*.

Muito embora goze de autonomia, o *campo* não está isolado dos demais *campos* e essa interligação se manifesta em várias oportunidades por meio de pressões externas, cobranças, incentivos etc. que influem no comportamento dos agentes, os quais, porém, não tem eclipsada sua autonomia, que gerenciam conforme os interesses de cada um no interior do *campo*.

Propõe Bourdieu que semelhante exame teórico nos aproxima da realidade deste território de disputas que pode ser o *campo científico, artístico, literário, jurídico* etc. e nos demite de uma distorcida percepção determinista da conduta dos agentes, que têm responsabilidades e dirigem sua ação. Por outro lado, como lugar de disputa – muitas vezes disputa de sentidos ou significados atribuídos a determinadas categorias – o *campo* conformará o *locus* do exercício de poder que está além do afirmado de maneira aparentemente desinteressada ou encontra-se escamoteado no discurso dos agentes do próprio campo.

Em suas palavras:

> «(...) é preciso escapar à alternativa da "ciência pura", totalmente livre de qualquer necessidade social, e da "ciência escrava", sujeita a todas as demandas político-econômicas.»[33]

Bourdieu ressaltou que todo *campo* é um *campo de forças* para conservá-lo e *de lutas* para transformá-lo. Assim também é o *campo jurídico*.

As pressões externas por *ordem* e *estabilidade* produzidas a partir do aparato concebido no campo jurídico jogam papel de destaque na relação dos juristas entre si e com os agentes dos demais campos.

A denúncia da impossibilidade de uma vida idílica, protegida das perturbações dos conflitos de interesses e ordenada para a segurança integral das pessoas, soa imprópria aos que pressionam o campo jurídico em busca de *produtos* que assegurem essa paz utópica, independentemente das consequências sociais que adviriam para outros grupos ou classes na hipótese de adoção das soluções preconizadas.

Agentes do campo jurídico que se propõem a transformar esse campo, criticando os projetos tradicionais de consolidação da paz social, por revelá-los projetos de proteção de alguns grupos ou segmentos sociais em detrimento de outros são pressionados interna e externamente pelos que defendem soluções do gênero e protagonizam as lutas pela conservação dos valores e ideologias dominantes.

Por isso não constitui tarefa fácil perspectivar o fenômeno jurídico pelo viés crítico, pois as resistências são encontradas dentro e fora do campo jurí-

---

[33] BOURDIEU, Pierre. *Op. cit.*, p. 21.

dico, em aliança ideológica de força variável, conforme evidentemente varia a conjuntura.

Assim, por exemplo, logo após a II Guerra Mundial a crítica ao positivismo jurídico pode avançar e desenvolver a disciplina do direito internacional dos direitos humanos, com vocação para alavancar os processos de construção de sistemas locais, regionais e globais de defesa e de difusão dos direitos humanos em grau variável de concretização, porém em nível superior ao que existia antes.

Isso requereu uma nova gramática jurídica, novas instituições e a disposição dos agentes do campo jurídico de abandonar antigos conceitos do Direito Internacional Público para reconhecer a personalidade jurídica da pessoa natural e legitimá-la a atuar perante instâncias internacionais, demandando Estados e os responsabilizando por abusos.

O avanço foi lento, mas persistente, durante a Guerra Fria. A queda do Muro de Berlim, em 09 de novembro de 1989, e a dissolução da União Soviética contribuíram para a aceleração deste processo, muito embora tais eventos tenham dissolvido a bipolaridade que equilibrava as potências militares e, em consequência, tenham liberado as forças que consagraram um modelo de globalização de perfil neoliberal, que atingiu seriamente os direitos sociais e enfraqueceu o setor do trabalho em benefício do capital transnacional.

O novo contexto refletiu em diferentes *campos* (*científico, artístico, político, econômico* e *jurídico*) e as teorias críticas refluíram diante da expansão de políticas de administração do novo quadro de escassez gerado pela globalização, com largo emprego do sistema penal, como se verá mais à frente nesta obra, para controlar as consequências geradas pela retração do mercado de trabalho e pelas ondas de imigração.

O *campo jurídico*, como os demais, oscila conforme a conjuntura, e arranjos internos que são permeáveis às transformações no mundo da vida ditam a direção das políticas científicas hegemônicas e contra-hegemônicas.

Não acontece aqui aquilo que a inocência científica poderia supor como razoável. No âmbito jurídico a teoria ultrapassada (teoria tradicional ou paleopositivista, para ilustrar) não se despede definitivamente do *campo*. Antes, a teoria entra em um estado de *hibernação* e ela pode ser *despertada* na hipótese de a conjuntura reclamar sua intervenção. Isso, sem que haja superado as deficiências metodológicas ou de pressupostos apontadas pela teoria rival, que lhe sucedera.

A ruptura paradigmática de fato é algo raro no *campo jurídico*. Winfried Hassemer alertou para a observação de Thomas Kuhn no sentido de que «as ciências superam os seus modelos de explicação e de argumentação menos pela via da refutação que pela via do esquecimento».[34]

Teorias jurídicas não adormecem ou despertam espontaneamente, por força das circunstâncias. Em sendo o *campo jurídico* um espaço delimitado de produção do Direito, o papel dos agentes do mencionado campo é fundamental para desenhar sua estrutura, mediante conexão de elementos que levam em consideração o prestígio pessoal – ou capital científico acumulado. A estrutura do *campo jurídico*, como de qualquer outro, está sujeita às relações de poder que ponderam não apenas este *capital científico* acumulado, mas ainda os arranjos, alianças e outros fatores que permitem a manipulação dos recursos que incrementam este *capital*, tais como o comando dos pontos de vista, das intervenções científicas, dos lugares, temas e objetos das publicações e pesquisas.

Bourdieu igualmente ressaltou que «*é a estrutura das relações objetivas* entre os diferentes agentes que determina o que eles podem e não podem fazer».[35]

As relações objetivas internas e externas ao *campo jurídico* obedecem à distribuição dessa *capital científico*, todavia também sujeitam em parte esta distribuição.

No exemplo da variável da política criminal neoliberal, após a queda do Muro, a recuperação parcial das doutrinas positivistas entre nós acomodou-se com as alterações da legislação penal no Brasil que prestavam continência ao modelo de Lei e Ordem, cuja origem recente pode ser detectada na transformação pelo qual passaram os Estados Unidos da América, abandonando e trocando paulatinamente suas políticas sociais por intervenções punitivas.

O advento da Lei dos Crimes Hediondos (Lei 8.072/1990) sacramentou o início desse processo de ressurgimento, cujo modelo remoto inspirou-se na lógica do estado de exceção e na primazia de um Direito Penal do autor, que dormitara intermitentemente depois do fim da II Guerra Mundial, com os espasmos próprios gerados pela ditadura militar, até ser despertado e convocado a cumprir as funções que a política neoliberal lhe designara.

Neste contexto não surpreende que a principal Escola Jurídica no Brasil, nos anos 90, tenham sido os cursos (denominados «cursinhos») preparatórios para os concursos públicos.

A pauta de publicações jurídicas foi colonizada por obras para concurso público cuja estrutura, compatível com a dos concursos mesmo, adotou o

---

34 HASSEMER, Winfried. *História das ideias penais na Alemanha do Pós-Guerra*, Faculdade de Direito de Lisboa, 1995: 31.

35 BOURDIEU, Pierre. *Op. cit.*, p. 23.

esquema de perguntas e respostas em um juízo de confirmação ou acerto dependente da maior aproximação com as interpretações paleopositivistas. A solução de problemas concretos (às vezes nem tanto) exigia dos candidatos submissão às teses dogmáticas positivistas, independentemente de quanto os candidatos pudessem considerar defasadas, impróprias ou insuficientes, de acordo com os parâmetros das teorias críticas que já eram conhecidos no Brasil.

Gerações de profissionais da área jurídica foram formadas em nosso País com fundamento nessa literatura que sequer, para seguir a definição de Thomas Kuhn, estava baseada na chamada «investigação convergente»,[36] dada a fragilidade acentuada do paradigma superado.

Professores de Direito, juízes, advogados, promotores de justiça, autoridades policiais receberam este tipo de educação jurídica e reproduziram no interior do *subcampo jurídico penal* os preconceitos e mitos que alicerçavam a teoria jurídica positivista, retroalimentando o próprio campo.

O recrudescimento das práticas punitivas no Brasil, que será objeto de atenção mais à frente, com indicação dos números indecentes de crescimento da população carcerária no período de dez anos, tornou-se realidade pela hegemonia protagonizada por agentes do campo jurídico que gozaram de extraordinário prestígio nesse período.

É importante ressaltar que as universidades concorriam com as demais instituições do *campo*, mas não necessariamente em igualdade de condições. Com efeito, as pressões externas – por ordem e incremento da punição – foram acolhidas no setor dos tribunais, polícia e demais agências e assim os agentes inseridos neste circuito profissional, que incluiu os mencionados cursos jurídicos preparatórios, afinados com a ideologia de Lei e Ordem, foram alçados a condição de forças dominantes no referido *subcampo*. A eles coube acumular, de forma preferencial, *capital científico* no *campo jurídico*.

Bourdieu assinalou que «o capital científico é uma espécie particular do capital simbólico».[37] E acrescentou:

> «Esse capital, de um tipo inteiramente particular, repousa, por sua vez, sobre o reconhecimento de uma competência que, para além dos efeitos que ela produz e em parte mediante esses efeitos, proporciona autoridade e contribui para definir não somente as regras do jogo, mas também suas regularidades, as leis segundo as quais vão se distribuir os lucros nesse jogo,

---

[36] KUHN, Thomas. «A tensão essencial: tradição e inovação na investigação científica», *A tensão essencial,* Lisboa: Edições 70, 1989: 278.

[37] BOURDIEU, Pierre, *Op. cit.*, p. 26.

as leis que fazem que seja ou não importante escrever sobre tal tema, que é brilhante ou ultrapassado, e o que é mais compensador publicar no *American Journal* de tal e tal do que na *Revue Française* disso e daquilo.»[38]

A dominação do *campo jurídico* (e do *subcampo jurídico penal*) por agentes identificados com tradição jurídica em grande parte abandonada em outros lugares tornou-se possível por um regime de trocas peculiar, tendente a isolar e marginalizar os agentes identificados com as teorias críticas, exceção feita às universidades públicas, que no mesmo período buscaram qualificar seu corpo docente para dar conta das demandas da globalização que pressionavam fortemente o mais abrangente *campo científico*.

É certo que o novo despertar da teoria jurídica tradicional, no Brasil dos anos 90, haveria de esbarrar na multiplicação dos polos de resistência encravados nas universidades públicas, especialmente a partir de 2003, e na persistente denúncia da inconsistência teórica e no caráter opressivo e arbitrário da praxis fundada no regime teórico positivista.

A tensão reinante no interior do *subcampo jurídico penal*, que reproduzia em nível acentuado o embate no *macrocampo jurídico*, em virtude da ascensão do pensamento constitucionalista no Brasil do início do século XXI, renovado em seu tribunal constitucional e também na esfera política, colocou em relevo outra importante questão, que não pode ser desprezada: a capacidade de ajuste dos agentes comprometidos ideologicamente com a teoria jurídica positivista.

Vale dizer, entre parêntesis, que a renovação da esfera política a partir de 2003 buscou inverter ou ao menos desacelerar o processo anterior de marginalização de grupos e classes sociais desfavorecidos (nem sempre com êxito ou com o empenho necessário).

Posta frente a frente com os saberes interdisciplinares que serviram de instrumento à crítica jurídica nesse período, a teoria jurídica tradicional, de viés positivista, revelou sua extraordinária capacidade de adaptação e se mostrou particularmente apta a viver com as próprias contradições das formulações que sustentaram a praxis ao menos na esfera da Justiça Criminal.

III

Afinal qual foi o grau de adaptação e até mesmo de acomodação entre os agentes e instituições tributários de diferentes tradições jurídicas que viabilizou a convivência entre extremos e a sobrevivência de práticas antagônicas e até das francamente desautorizadas no referido *subcampo jurídico penal* a partir do início do século XXI, no Brasil?

---

[38] Bourdieu, Pierre. *Op. cit.*, p. 27.

Ou, pelo menos, como essa convivência e acomodação foram possíveis, em virtude da discrepância expressiva entre os elementos constitutivos dos discursos jurídicos de distintas tradições?

E, principalmente, como isso afetou a política criminal?

Os agentes do *subcampo jurídico penal*, dotados de significativo *capital científico* para ditar as pautas da política criminal contemporânea entre nós jogam, concretamente, que papel? E qual o estágio da tensão entre as citadas tradições jurídicas?

A sobrevivência no Brasil das teses jurídicas do positivismo em sua feição vacilante e inconsistente *paleopositivista*, em atuação no Sistema Penal, decorre de conhecidas estratégias, que podem ser examinadas com auxílio das ferramentas teóricas que a noção de *campo* proporciona. A presente investigação circunscreve-se a isso, a identificação dessas estratégias, e não tem a pretensão de ser um trabalho de história do direito penal ocidental, europeu continental ou mesmo, mais restritivamente do direito penal brasileiro. Por isso o foco dirige-se a atuação dos agentes no *subcampo jurídico penal* e de como certas formas jurídicas aparecem e reaparecem por meio da manipulação dos discursos jurídicos.

As teses típicas do direito penal do autor e do estado de exceção[39] que operam no *campo jurídico* são esgrimidas por agentes portadores de *capital científico* suficiente para influenciar as pautas legislativas e midiáticas. Tanto assim que no passado difundiram conceitos de perigosidade social que foram incorporados ao Código Penal de 1940[40] e vigoraram entre nós até a reforma penal de 1984 (Nova Parte Geral do Código Penal – Lei 7.209/1984). Posteriormente, estas teses ressurgiram e tomaram corpo na referida Lei dos Crimes Hediondos, já na década de 90, propiciando o endurecimento da resposta penal, com incremento das sanções e do regime prisional e vedação rigorosa à liberdade ao longo do processo.[41]

A constituição e emprego desse *capital*, portanto, interessa à investigação, em especial quando se trata da defesa pelos agentes do *subcampo* de teses com resultados conhecidos e desaprovados, interna e externamente.

Exemplo disso pode ser encontrado na «polêmica das escolas penais»[42] na Alemanha do imediato pós-guerra.

---

[39] Sobre o tema, especificamente: Agamben, Giorgio. *Estado de exceção*. São Paulo: Boitempo, 2004.

[40] Batista, Nilo. «Os sistemas penais brasileiros», *Novas tendências do direito penal*. Rio de Janeiro: Revan, 2004: 111.

[41] Para a breve história midiática da edição da Lei dos Crimes Hediondos recomenda-se a obra de Silva Franco, Alberto. *Crimes hediondos*. 7. ed. São Paulo: Ed. RT, 2011.

[42] Hassemer, Winfried. *Op. cit.*, p. 26.

Como salientado, limitações de espaço e de objetivo da investigação obstam a que se discorra sobre a história do direito penal, mas para o que é pertinente ao trabalho pode-se dizer que a modernidade ocidental buscou limitar as práticas punitivas, condicionando-as à previsão legal e restringindo o emprego de respostas francamente violentas, tais como a tortura.[43]

Em apertada síntese pode-se afirmar que a retórica da modernidade, com lastro nos já referidos eixos da racionalidade, humanismo e procedimentalismo, perseguiu a construção de um determinado discurso sobre o direito penal. O direito penal haveria de fundamentar a intervenção do poder punitivo, justificando-a como resposta a comportamentos das pessoas previsivelmente lesivos aos interesses vitais de outras pessoas, em um contexto de responsabilização cuja apuração demandaria um processo dotado de garantias e comandado pelo princípio da presunção de inocência.

A lei configuraria a garantia abstrata de igualdade e os juízes, responsáveis pela adjudicação das consequências penais aos acusados, atuariam de forma imparcial, portanto descompromissados com as políticas de segurança pública dos Estados.

Cabia, pois, ao *subcampo jurídico penal* dedicar-se a pensar e a gerir o Sistema Criminal e a estudar a sua dinâmica, concebendo teses que dêem conta desse propósito de racionalização do poder punitivo.

As teorias penais surgiram nos séculos XIX e XX para legitimar o funcionamento do sistema criminal, conforme o discurso da modernidade, não problematizando no início um de seus elementos principais, o *crime*, que era considerado um *dado social* e não criação do próprio poder político.

Paulo Busato chamou atenção para o fato de que os juristas do século XVIII pretenderam «dotar o objeto de seu interesse do mesmo caráter científico então em evidência»,[44] recorrendo aos padrões científicos peculiares ao positivismo.

Foi assim também em relação ao direito penal e à separação escrupulosa entre direito e moral, compreendida como essencial à constituição científica do primeiro, somou-se a adoção do método analítico, por igual considerado fundamental para a caracterização do estatuto científico reivindicado pelo direito penal.

Salienta Busato que:

---

43 Batista, Nilo. *Introdução crítica ao direito penal brasileiro,* 11. ed. Rio de Janeiro: Revan, 2007: 98-101.

44 Busato, Paulo. *Reflexões sobre o sistema penal do nosso tempo.* Rio de Janeiro: Lumen Juris, 2011: 177.

> «O avanço do positivismo e de seu método analítico de decomposição em elementos para o conhecimento do todo foi o fator determinante para que a dogmática jurídico-penal passasse a buscar as características comuns entre os delitos, com a finalidade de organizar um mecanismo genérico de compreensão da figura delitiva.»[45]

Entre 1857 e 1913 desenvolveram-se os primeiros estudos no continente europeu do que veio a ser considerado o marco original da ciência jurídico-penal. Elaboraram-se as categorias primárias necessárias à definição analítica do crime, conforme o método predominante, e mesmos as variantes surgidas posteriormente encontraram-se presas à problematização proposta pela ideia de uma ontologia criminosa, cujo conhecimento seria possível mediante a adoção de métodos e critérios acertados.

Evidente que a síntese na presente investigação não tem ou postula abarcar todas as importantes variações da ciência penal do início do século XX, especialmente na Alemanha. Como sublinhado, o propósito consiste em identificar um modelo de «ciência jurídica» circular, atrelado de forma bastante limitada às questões que por óbvio as concepções da ciência jurídica no positivismo poderiam dar conta.

Por isso, mais do que descrever o percurso das teses causais-naturalistas (que tinham pressupostos diferentes) e finalistas, o importante é identificar o conflito entre os agentes do *subcampo jurídico penal* na tentativa de fazer prevalecer seus pontos de vista e verificar o que, realmente, os mobilizava naquilo que ficou conhecido como a «batalha das escolas» ou «polêmica das escolas».

Para enxergar isso é necessário dar um salto no tempo e escapar do debate interno do *subcampo*, naquela ocasião, e constatar com as teorias críticas que a *naturalização* do fenômeno delitivo constituiu mito que sofreu abalo provocado pela denúncia, empiricamente comprovada, do caráter seletivo do Sistema Penal e de sua manipulação pelos detentores do poder.

Independentemente da vasta bibliografia existente, com obras de referência de Alessandro Baratta, Nilo Batista, Juarez Tavares, Juarez Cirino dos Santos, Rosa Del Olmo, Vera Andrade, Salo de Carvalho, Elena Larrauri, Thomas Mathiesen, Lola Aniyar de Castro, Ian Taylor, Paulo Walton e Jock Young, entre outros, alguns citados nessa investigação, a desconstruir a concepção naturalista do delito, os trabalhos já citados concernentes ao direito penal no nazismo demonstram o quanto os *agentes do subcampo jurídico penal* estiveram comprometidos com a barbárie e com o Holocausto, valendo-se de um discurso sobre o *delito*.

---

[45] BUSATO, Paulo, 2011: 177.

Um passo atrás, novamente, e o olhar retrospectivo que se pode lançar sobre a *batalha das escolas penais*, agora com horizontes alargados para incluir as ações políticas dos agentes do referido *subcampo*, que se notabilizaram por defender o causalismo ou finalismo, permite enxergar o jogo político propiciado pela negociação desse *capital científico* após a derrocada do nazismo e diante da cobrança por conta da adesão ao *status quo* na era nazi.

O caso mais emblemático, certamente, envolve Edmund Mezger. Com efeito, Francisco Muñoz Conde estudou o passado do jurista alemão, especialmente no período entre 1933 e 1945, durante o nazismo, e em seguida à derrocada deste regime, e a par da identificação dos laços entre as propostas da dogmática penal de Mezger e o exercício do poder no mencionado regime, o professor espanhol pode visualizar como a polêmica abstrata, entre causalistas e finalistas, serviu posteriormente para encobrir a contribuição de juristas ao nazismo.[46]

Conta o professor espanhol, no prólogo à 4.ª edição da obra, que:

> «Quando, há mais de vinte anos comecei a estudar o passado de um dos principais representantes da dogmática jurídico-penal alemã da primeira metade do século XX, o fiz com as reservas de que algo tão abstrato e inusitado à praxis diária do Direito penal pudesse interessar tão-só a um setor minoritário, e de que uma elaboração do Direito penal tão racional, fria e lógica como a dogmática pudesse ter alguma conotação ideológica com algum regime político determinado, tanto mais se este era nada mais, nada menos, que o nacional-socialismo que dominou a Alemanha entre 1933 e 1945.»[47]

Em sua abordagem acerca da inspiração para a pesquisa, Muñoz Conde revela a perplexidade, comum aos juristas, em supor que a «elaboração do Direito penal tão racional, fria e lógica como a dogmática pudesse ter alguma conotação ideológica com algum regime político determinado». A redoma que envolveu e ainda envolve a dogmática jurídico-penal é formada dessa substância, típica do positivismo: o alheamento (consciente) das implicações políticas da intervenção concreta do poder punitivo na vida das pessoas. O penalista espanhol também destaca o ponto, paradoxal para uma ciência jurídica que se pretende a-histórica e universal, portanto, *sem autoria*, consistente na realidade de uma *autoria*, isto é, no papel de relevo desempenhado por determinados *agentes* do *campo jurídico* na definição do alvo ou foco das consequências da adoção de um direito penal com características tais ou quais.

---

[46] MUÑOZ CONDE, Francisco. *Edmund Mezger e o direito penal de seu tempo.* Rio de Janeiro: Lumen Juris, 2005.

[47] *Idem, ibidem.*

Na Alemanha e com o distanciamento temporal da II Guerra Mundial coube a uma geração de juristas com formação crítica confrontar o passado e buscar entendê-lo.

Assim, na obra citada Hassemer reconhecerá que «os estragos da era nazi foram em tal extensão, que só com o tempo e muito esforço puderam ser percebidos e compreendidos em toda a sua gravidade».[48]

As consequências mais evidentes e concretas são conhecidas por todos, bastando para isso citar o Holocausto e o emprego dos tribunais alemães, durante o nazismo, para legitimar a discriminação e a barbárie.

O que o trabalho de Muñoz Conde revelou foi o empenho intelectual de Mezger em empregar seu vasto *capital científico* para solidificar as bases doutrinárias de um direito penal da vontade, correspondente às «novas correntes de pensamento e de significativas alterações em relação às forças políticas»[49]que surgiram no horizonte alemão no ano de 1932, às vistas dos participantes do Congresso da Seção Alemã da Associação Criminalística Internacional, na antessala do nacional-socialismo.

Os agentes que atuam no *campo jurídico* – ou mesmo no *subcampo jurídico-penal* – não tem como prever o futuro. Este é sempre incerto. Daí que o *mau investimento do capital científico* cobra seu preço.

Foi o que aconteceu após a derrota das forças do Eixo na II Guerra Mundial.

Nessa hora as estratégias de acomodação entram em jogo e, como referido em passagem anterior dessa investigação, mencionando o pensamento de Kuhn, o *esquecimento* da teoria – dos antecedentes dela, da conjuntura em que foi formulada e, consequentemente, do papel dos *agentes do (sub)campo* – passa a ser vital.

Em *Brilho eterno de uma mente sem lembrança*[50] (*Eternal sunshine of the spotless mind* – 2004), do diretor Michel Gondry, a personagem apela ao tratamento experimental que suprime da memória os momentos passados com seu ex-namorado.

A memória social ou coletiva volta e meia é submetida a «processos de esquecimento», especialmente no âmbito dos regimes totalitários, que perseguem uma nova história que é dependente do esquecimento das experiências comunitárias precedentes.

---

[48] HASSEMER, Winfried. *Op. cit.*, p. 11.

[49] *Idem, ibidem*, p. 21.

[50] *Brilho eterno de uma mente sem lembrança* (*Eternal sunshine of the spotless mind*). Diretor Michel Gondry, 2004.

Paloma Aguilar Fernández, em estudo dedicado às políticas da memória, leciona que nas ditaduras, em especial, mas não exclusivamente, as políticas da memória tendem a tomar a forma de medidas destinadas a conformar o que ela chama de «memória dominante», dona de maior presença no espaço público.[51]

Não há, porém, como submeter com êxito estas experiências a tal espécie de tratamento, propagado no filme. O passado ressurge, de um modo ou de outro. A repressão completa das memórias plurais que estão vivas no corpo social não é viável dado o caráter plural da sociedade impossível de ser suprimido.

Daí que a reinvenção do passado, no território das ideias, converte-se em estratégia de esquecimento, em que o que se pretende ver esquecido é o papel jogado pelo *agente portador de capital científico* em determinado contexto que se revelou *a posteriori* inconveniente ou impróprio.

No *campo jurídico* – e voltando ao exemplo de Mezger, especificamente no *subcampo jurídico penal* – o recurso ao hermético, sofisticado e abstrato debate teorético acerca das categorias centrais de determinada doutrina funciona como elemento de reinvenção do passado, agora justificado porque as ações obedeceram ao *estado da ciência* na oportunidade.

Situando o debate entre causalistas e finalistas, após a II Guerra Mundial, importava pouco, ou ao menos não devia ser destacado, o fato de ambas as teorias militarem contra a experiência concreta, desprezando as consequências produzidas com a adoção de uma ou outra maneira de interpretar/aplicar o direito penal.

É de Hassemer a observação:

> «Concentração em questões fundamentais do direito penal material, pouca atenção à organização jurídica e fática do processo, à política criminal real e às suas consequências – como se pode supor, estas foram algumas das estratégias para desviar a atenção. A controvérsia em torno do nazismo era, deste modo, transposta para as elevadas esferas do juízo de valor, e assim se livrava de defrontar-se com detalhes sujos, ou pelo menos não precisava falar deles.»[52]

O positivismo cassa a historicidade das ciências sociais. Situando o conhecimento em um plano abstrato, idealizado como meio eficaz de se alcançar a verdade e dessa forma garantir a ordem e estabilidade, o positi-

---

[51] Aguilar Fernández, Paloma. *Políticas de la memoria y memorias de la política*. Madri: Alianza, 2008: 24.

[52] Hassemer, Winfried. *Op. cit.*, p. 23.

vismo se demite do contato com a dura realidade e joga o tema do Poder para escanteio.

A retomada do debate entre causalistas e finalistas cumpriu esse papel e contribuiu decisivamente para amenizar a responsabilidade social de *agentes do subcampo jurídico penal* por sua colaboração intelectual ao nazismo.

A partir dos anos 60 do século passado a polêmica perdeu fôlego na Alemanha e os juristas criticaram duramente as limitações e inconsistências teóricas de ambas as doutrinas, superadas pela entrada em campo de um modelo teórico que incorporou elementos de política criminal e ainda demonstrou como a «solidificação hermética dos enunciados científicos», construídos com base em convicções do «Ser, na "essência imutável das coisas"»,[53] serviu de obstáculo ao propósito de contenção do poder punitivo.

O que releva para a presente investigação diz com dois aspectos do exemplo de estratégia de manipulação do *campo jurídico* escolhido para atingir o fim de *esquecimento*: a crítica posterior ao debate entre causalismo e finalismo contava com embasamento teórico cujos elementos estavam disponíveis já ao fim da II Guerra Mundial (o resultado prático da atuação do Sistema de Justiça Criminal na Alemanha durante o nazismo); o próprio causalismo, mesmo em sua versão apoiada pelo neokantismo, estava fadado a ser superado, no território positivista, pelo finalismo mesmo ao tempo do nazismo.[54]

Teses superadas, portanto, sobreviveram e o debate em torno delas amenizou o impacto da colaboração dos *agentes do campo jurídico* com o regime de exceção.

A hipótese secundária dessa investigação consiste em explicar ambas as ações da estratégia de esquecimento com auxílio de duas categorias complementares à do *campo*: a do *repertório*; e a da *autoria*.

A primeira delas, denominada «repertório», segundo Angela Alonso consiste no «conjunto de recursos intelectuais disponível numa dada sociedade em certo tempo».[55] Acrescenta a autora que o repertório é composto de «padrões analíticos; noções; formas estilísticas; figuras de linguagem; metáforas».[56]

---

[53] HASSEMER, Winfried. *Op. cit.*, p. 31.

[54] Hassemer ressaltou, com razão, que o «adversário com o qual a teoria finalista se defrontou não estava decerto preparado no campo que o finalismo elegeu como decisivo.» *Op. cit.*, p. 25.

[55] ALONSO, Angela. *Ideias em movimento: a geração de 1870 na crise do Brasil-Império.* São Paulo: Paz e Terra, 2002: 39.

[56] *Idem, ibidem.*

Repertórios socorrem os agentes do *campo* no momento em que estes articulam ações que demandam seu *capital científico*, malgrado haja diferenciação entre o conhecimento que está na base deste capital e o emprego dele, concretamente, em contextos distintos daquele em que o conhecimento foi gerado, obrigando a adaptações, alterações ou apropriações.

No exemplo de Mezger, a dogmática causal estava exaurida ao fim da II Guerra Mundial. Não dava conta nem mesmo dos problemas postos pelo finalismo, que lhe era superior metodologicamente, como salientou Hassemer.[57]

Ainda assim, adaptada, a dogmática causal foi manejada por Mezger para fomentar o debate que lançou ao mundo das abstrações as questões penais, desviando-se com habilidade dos questionamentos sobre sua colaboração com o nazismo.

Mezger lançou mão do *repertório*. Não adotou modelos explicativos aleatórios, ainda que no âmbito do positivismo. Ao contrário, o jurista alemão operou um processo de triagem de argumentos e critérios, os adaptou e os empregou por razões práticas hoje compreensíveis. E com isso forçou a aplicação da dogmática causal, ainda que alterada em seus princípios, para muito além de sua vida (Mezger morreu em 24 de março de 1962).

Em outras palavras, Mezger mexeu com as *fronteiras* da dogmática penal positivista. Aí entra em questão a segunda categoria complementar: a *autoria*.

Compreender a autoria impõe saber que, em outro contexto, Rui Cunha Martins desenvolveu o «método da fronteira»,[58] que em suas próprias palavras se beneficia das «propriedades fundacionais» da fronteira, como referenciabilidade soberana, para instruir matéria de legitimação.

Salienta Rui que a fronteira, assim entendida, comporta uma «tentativa – nunca totalmente conseguida – de sinalizar uma sede ordenadora e produtora de um sentido que, por não se encontrar dado à partida, impõe a tarefa *continuada* da respectiva elucidação».[59]

Isso reivindica um autor, cuja atuação delimita a fronteira, mas também a projeta, flexivelmente, conforme as circunstâncias.

---

[57] HASSEMER, Winfried. *Op. cit.*, p. 30: «... Em suma, a crítica metodológica não atingiu frontalmente os alicerces do finalismo e, por conseguinte, não abalou os seus teoremas dogmáticos.»

[58] MARTINS, Rui Cunha. *O método da fronteira.* Coimbra: Almedina, 2007.

[59] *Idem, ibidem*, p. 23.

Rui sublinhou que «toda fronteira tem autor», mas a demarcação da fronteira e o reconhecimento desse lugar autoral não são rígidos, pois que condicionados por elementos de imprevisibilidade e dispersão.[60]

É possível afirmar, porém, tomando como exemplo o caso de Mezger e a projeção da «polêmica das escolas», que a autoria determina em grau relevante os limites da fronteira e também, embora não rigidamente, define o seu conteúdo. A não rigidez decorre da permeabilidade própria de um modelo moderno de fronteira que deixa passar, parcialmente, elementos de outra categoria, ordem etc. estranhos àquele universo, mas que convivem com os elementos nativos.

A «polêmica das escolas» não tinha como abafar a ascensão das teorias críticas, o questionamento sobre os métodos do positivismo jurídico e o alheamento da dogmática jurídico-penal das consequências de sua aplicação. Não era impermeável.

Apesar disso, e com relativo sucesso, essa «batalha das escolas» adiou a interrogação sobre a contribuição de *agentes do campo jurídico* ao nazismo e perpetuou o *capital científico* de que muitos foram portadores, a ponto ainda de nas duas últimas décadas, na América Latina, terem as suas teses defendidas ardorosamente por militantes de ambas as correntes.

Essa modelação do *subcampo jurídico penal*, extraída como exemplo das estratégias de sua estruturação, ajuda a responder às perguntas do início da Seção.

Afinal qual foi o grau de adaptação e até mesmo de acomodação entre os agentes e instituições tributários de diferentes tradições jurídicas que viabilizou a convivência entre extremos e a sobrevivência de práticas antagônicas e até das francamente desautorizadas no referido subcampo jurídico penal a partir do início do século XXI, no Brasil?

As teorias legitimadoras da pena, elaboradas no âmbito das doutrinas causalistas e finalistas, tomam novo fôlego a partir dos anos 90 porque o *subcampo jurídico penal* se sentiu pressionado por demandas de Lei e Ordem e, neste campo, como assinalado, os porta-vozes com significativo *capital científico*, que constituíram esse capital no setor das profissões jurídicas, formaram-se na tradição positivista, independentemente da profissão de fé no finalismo ou no causalismo, mas com dominância dos partidários de uma muito particular concepção da teoria final da ação, teoria que em outro nível sagrou-se vencedora e incrustada na base da Reforma da Parte Geral do Código Penal datada de 1984.

---

[60] Martins, Rui Cunha. *Op. cit.*, p. 23.

Ao mesmo tempo, o intenso recrutamento de profissionais da área jurídica, impulsionado pela expansão das vagas no setor público em virtude da crescente jurisdicionalização das demandas, a reclamar mais juízes, promotores de justiça, defensores públicos e delegados de polícia (na esfera criminal) e mais concursos, realizados periodicamente, fomentou o mercado dos cursos preparatórios para concurso público.

Nestes cursos, por sua vez, crescia a demanda por «professores» cuja *expertise* era avaliada pelo sucesso em «ser aprovado em um concurso público», em um círculo vicioso que funcionava a partir do sucesso dos respectivos profissionais medido pela citada aprovação prévia em um concurso público da área e ainda pela capacidade de aprovar alunos em concursos similares.

Também na época, os principais jornais diários das grandes metrópoles brasileiras acentuavam o «crescimento do sentimento difuso de insegurança», e buscavam responsabilizar o incremento do tráfico de drogas, em tese enraizado nas periferias, e as raras políticas de defesa dos direitos humanos, como no Rio de Janeiro governado por Leonel Brizola (líder exilado após o golpe militar que deu origem à ditadura de 1964, eleito duas vezes, pelo voto popular e contra a vontade manifesta das elites, governador do Estado do Rio de Janeiro nos estertores da ditadura e em 1990), pelo estado de pânico que os próprios meios de comunicação estimulavam. O discurso da midia convergia com a política de drogas de caráter bélico, incentivada pelos sucessivos governos dos Estados Unidos da América, após a queda do Muro de Berlim, com ênfase na produção massiva de armas, na manutenção do círculo geopolítico de influência da potência na América Latina e no controle repressivo dos grupos sociais desprezados como mão de obra na nova fase áurea do neoliberalismo. Neste tópico, em particular, a juventude negra e mulata da periferia passou a ocupar o lugar de «inimigo social» no imaginário popular das classes médias, reproduzindo no Brasil, de forma distinta mas significativa, o mesmo fenômeno observado nos Estados Unidos da América.

Assim, titulavam-se portadores do «capital científico» no âmbito do Sistema Penal os porta-vozes mais qualificados a exprimir, com base em sua experiência pessoal nas trincheiras da «luta contra o crime», teses jurídico-penais que refletissem a «polêmica das escolas penais», revelando uma suposta erudição jurídica, desde que, dotados do «pragmatismo» necessário aos «novos tempos» de conflito, tivessem suficiente sensibilidade para perceber a inclinação da opinião pública em tema de segurança pública.

Ser magistrado, por exemplo, qualificava mais alguém para ser professor em um curso preparatório para concursos do que ser mestre, doutor ou livre docente na disciplina, embora advogado.

De um lado, portanto, na sequência das discussões que Mezger soube protagonizar para enevoar seu passado nazista, os mais admirados e seguidos titulares do capital científico, nos 90 no Brasil, haviam de saber discorrer sobre a posição do «dolo» na concepção analítica do crime, conforme a estéril polêmica entre o finalismo e as teorias causais, e simultaneamente deveriam ser capazes de justificar o endurecimento do regime de incriminação e punição inaugurado pela Lei dos Crimes Hediondos, em 1990, por mais flagrante a inconstitucionalidade da lei na vedação automática da liberdade provisória.

Entre tantos, um nome notabilizou-se neste período e pode ilustrar a tese: Damásio de Jesus. Paulista, nascido em 1935, Damásio Evangelista de Jesus atuou durante 26 anos no Ministério Público estadual de São Paulo, aposentando-se em 1988.[61]

O professor Damásio de Jesus publicou muitos livros sobre direito e processo penal – e ainda é autor de várias obras –, mas de tudo destaca-se a coleção «Direito Penal», que em 2005 estava em sua 28ª edição.

No período que vai de meados dos anos 80 até o fim dos 90, no século passado, «Direito Penal» foi sem dúvida alguma a bússola dos aspirantes a vagas no setor público, em concursos que exigiam conhecimento em direito penal. Tratava-se da obra mais vendida e consultada. E foi igualmente o paradigma para programas de concurso e gabaritos, usados indistintamente por professores de cursos e examinadores (não raro os mesmos profissionais, em cada Estado da Federação, alternavam-se nas funções de professor e examinador, haurindo ganhos secundários dessa condição híbrida na forma de direitos autorais de livros de ocasião, que aspiravam a ser a bibliografia oficiosa do concurso, naturalmente com enorme apelo em termos de vendas).

Distinguindo-se das pesquisas levadas a cabo por Juarez Tavares, Juarez Cirino dos Santos, Nilo Batista e outros, o curso escrito por Damásio de Jesus circunscrevia o saber penal à dogmática encolhida nos vãos de escada do citado debate entre teorias causais e finalismo, sem resvalar com alguma profundidade no estudo das consequências do funcionamento do Sistema Penal, como alertara Hassemer.

Guardado o respeito pela opção metodológica de Damásio de Jesus, citada aqui apenas porque representativa de expressivo número de obras de outros autores publicados nos anos 80/90, a estratégia, consciente ou não, produziu ao menos uma consequência de caráter mais duradouro: eliminou

---

[61] Conforme: http://blog.damasio.com.br/?page_id=2, consultado em 28 de novembro de 2011.

do horizonte de estudos, preparação e aperfeiçoamento dos profissionais e futuros profissionais da área do Sistema Penal qualquer preocupação em atar teoricamente as discussões sobre as teorias do delito e da pena às políticas criminais concretas e ideologias penais subjacentes aos modelos e movimentos no setor.

Por Direito Penal no Brasil haveria de se entender apenas o tipo de discussão pautado na obra de Damásio de Jesus e em correlatas.

Releva notar, também, que a mais famosa faculdade de direito do Brasil, a USP (fundada em 1827 e incorporada à Universidade de São Paulo em 1934) concentrava a principal oposição ao modelo pragmático mencionado.

Seus esforços, todavia, esbarravam nas limitações impostas pelo predomínio da ideologia positivista. Igualmente ressalvadas as exceções, entre as quais saltam aos olhos os nomes de Antonio Magalhães Gomes Filho e Miguel Reale Jr., os estudos desenvolvidos e mesmo a atuação política nos movimentos de reforma legislativa no citado período ficaram crispados por uma visão mais sofisticada do mesmo viés pragmático, porém com as preocupações teóricas dirigidas de modo restrito à instrumentalidade do processo e à sua efetividade. Raramente, no entanto, houve interrogação acerca do significado e alcance político da referida instrumentalidade e da serventia da efetividade em um país periférico marcado por desigualdades extremas. E nisso, apesar das enormes diferenças, ambos os movimentos convergiram.

Neste contexto a influência de *agentes do campo* com formação crítica foi reduzida pouco a pouco, depois de 1984 quando puderam ser decisivos na transformação da Parte Geral do Código Penal, apesar da ditadura ainda vigente, mas em seus estertores.

Ou, pelo menos, como essa convivência e acomodação foram possíveis, em virtude da discrepância expressiva entre os elementos constitutivos dos discursos jurídicos de distintas tradições?

Pelas razões acima expostas, o antagonismo e a discrepância mencionados sequer foram objeto de cogitação das decisões dos tribunais, exceto residualmente. Como na «polêmica das escolas», o silêncio sobre as inconsistências teóricas das doutrinas penais positivistas cumpriu importante papel.

Em grande medida pesou para isso o lugar de destaque ocupado pela midia no cenário de formação dos profissionais do direito.

Assim, porque os portadores do «capital científico» no Sistema Penal, reconhecidos pelos meios de comunicação e apoiados pelos governantes (a quem «recompensavam» de forma acrítica com juízos de valor positivos a respeito das mais variadas idiossincrasias do modelo punitivo, como no caso das instituições para adolescentes em São Paulo, as «Febem») raramente pautavam as questões concernentes às contradições do funcionamento cotidiano do aparato repressivo, e nunca mencionavam o estágio das pesquisas e publicações interdisciplinares que circulavam no campo, normalmente no ambiente mais hermético das pós-graduações, é como se tais investigações não existissem.

E os profissionais do direito, mesmo os advogados, passaram a incorporar o discurso midiático sobre o tema penal, escorados por expressivo segmento dos portadores deste «capital científico», para fazer uso desse discurso sem se dar conta das inconsistências e derivas autoritárias subjacentes.

E, principalmente, como isso afetou a política criminal?

O saber jurídico-penal vivenciou seu momento de crise mais aguda.

Com efeito, a Lei dos Crimes Hediondos, a posição do Supremo Tribunal Federal nos anos 90 acerca da constitucionalidade das violentas restrições legais aos direitos humanos decorrentes da referida lei e as práticas testemunhadas no mesmo período, somadas ao aumento exponencial do número de presos, demonstram que o movimento de Lei e Ordem dominou o cenário da política criminal no Brasil.

À marginalização do pensamento crítico correspondeu o processo de deliberada ignorância do estágio das discussões no referido campo, em outros lugares, com destaque para a constante reação na comunidade científica europeia ao mencionado processo de expansão do encarceramento.

Os agentes do *subcampo jurídico penal*, dotados de significativo *capital científico* para ditar as pautas da política criminal contemporânea entre nós jogam, concretamente, que papel? E qual o estágio da tensão entre as citadas tradições jurídicas?

A incongruência das teorias prevalecentes passou a margem do debate nesse período porque a política hegemônica no *campo jurídico* privilegiou a expansão do poder punitivo, na contramão das denúncias da crítica jurídica e apesar das graves e irreversíveis consequências disso.

E, como foi dito, há *autoria* nas estratégias bem-sucedidas de adoção das políticas harmonizadas com o movimento de Lei e Ordem.

A insuficiência das teorias foi contornada pelo emprego de padrões analíticos, noções, argumentos, teorias, ainda que evidentes as contradições. Trata-se de elementos conformadores do *repertório*. Como em outro contexto acentua Angela Alonso, «levando a sério a intenção de uso político, fica compreensível o recurso a várias tradições teóricas, a escritos de divulgação e o desleixo com contradições teóricas evidentes».[62]

---

[62] ALONSO, Angela. *Op. cit.*, p. 39.

Os *agentes* que dominaram *o campo jurídico* no período atuaram por razões práticas e agiram conforme critérios políticos, o que não significa dizer que tenham se orientado por motivações antidemocráticas, malgrado, do ponto de vista das consequências, uma delas tenha sido perpetuar sob outro manto categorias típicas do movimento punitivo de matriz inquisitória.

Compreender isso é fundamental para avaliar as estratégias em um período de transição por que passa o Sistema de Justiça Criminal no Brasil.

Seção 2

Definidos os pressupostos da investigação na Seção 1, o exame da iniciativa de introdução do *plea bargaining* no Brasil, por meio do projeto de lei apresentado para propor um novo Código de Processo Penal, serve como exemplo recente do modo como o *subcampo jurídico penal* funciona e como a ideologia encoberta ainda suprime do debate penal as decisivas questões de política criminal. Dados e elementos de uma discussão sobre Justiça Penal consensual no mundo, a partir da crise do Estado do Bem-Estar Social, principalmente na Europa, no início da década de 70 do século XX e da Guerra do Yom Kipur (1973), simplesmente não surgem no cenário do debate sobre a importação da transação em torno da pena privativa de liberdade.

Ao revés, a proposta está ancorada na premissa de uma suposta característica acusatória da negociação sobre a pena, que refutei ainda antes da edição do anteprojeto de novo Código de Processo Penal.[63]

Para dar cabo à tarefa a dogmática jurídico-penal insiste em isolar o tema e apresentá-lo como algo próprio do Direito Processual Penal e não como mais uma instituição do *campo jurídico*, relacionada às demais instituições do próprio campo, com autoria designada, produto de agentes do campo, sujeitos às pressões internas e externas, mas também dotados de *capital científico* para bancar uma transformação de tal monta, no processo penal brasileiro, apesar das intensas críticas ao poder negocial no âmbito do *common law* e dos nefastos resultados já conhecidos.

O recurso ao discurso dogmático é empregado amplamente, não raro apoiado na «bondade» das soluções proporcionadas pelo consenso, com o acusado «amparado» pelo juiz e por seu defensor. A tentativa até aqui bem sucedida de pautar o *plea bargaining* pelo viés (des)estruturado da dogmática positivista processual penal encontra eco não somente na estratégia de escamotear as razões de emperramento do modelo baseado na presunção de inocência, com o ônus da prova atribuído ao acusador e a exigência da remoção da citada presunção em um processo público e oral qualificado pelo

---

[63] Prado, Geraldo. *Transação penal*. 2. ed. Rio de Janeiro: Lumen Juris, 2006.

contraditório, mas ainda na persistente decisão de não incorporar as consequências deste modelo relativamente às pessoas de carne e osso sujeitas ao Sistema Penal.

O «capital científico» é empregado aqui para sitiar os termos do debate. O que não se enquadrar em uma determinada «visão do que é acusatório» simplesmente não deve ser tratado como dado relevante – às vezes fundamental – de um «depurado» Sistema Acusatório – como a oralidade – e termina expulso das trincheiras da discussão, como no passado Alfredo Rocco procedeu com os termos da discussão do que era próprio e típico do Direito Penal e aquilo que o professor italiano, reclamado por Mussolini para as reformas, considerava espúrio metodologicamente.

Com o propósito de «abrir» a discussão e incluir elementos que a crítica do direito tem consagrado foi produzido o texto seguinte, que conclui a tese, exemplificando-a. Em linhas gerais este texto foi apresentado de modo parcial em um Seminário promovido em São Paulo pelo IBCCrim, Ajufe e Emag.

Optei por manter a informalidade própria da exposição oral em homenagem aos debates que foram travados na ocasião.

Parte dele foi publicada em uma coletânea de artigos de minha autoria, Em torno da jurisdição, em um contexto de diálogo com outros autores e pontos de vista.

Os autores do anteprojeto de lei, cujo compromisso com a democracia no Brasil é antigo, sincero e inquestionável, militam em áreas diferentes no *campo jurídico* e por essa razão vivenciam experiências distintas em seu dia a dia profissional. Em sua atuação individual no *campo* eles não concordam em todas as teses e pontos de vista. A heterogeneidade da Comissão de Reforma do Código de Processo Penal brasileiro enriquece a democracia, mas também revela como as estratégias no interior do *campo* importam em concessões que, singularmente, talvez estes mesmos agentes não as fizessem.

I

Trata-se de enfrentar a questão do «*poder negocial*», prevista no projeto de lei do Senado que se propõe a instituir um novo Código de Processo Penal.

No dia 2 de junho de 2010 dividi mesa com o professor Guilherme Madeira, em Seminário promovido em São Paulo pelo IBCCrim, Ajufe e Emag sobre o Projeto de Lei 156 do Senado (novo Código de Processo Penal). Coube falar de poder negocial e julgamento antecipado, conforme está previsto nos arts. 278 e 279 do projeto.

Quero compartilhar algumas considerações.

Começo por colocar minha divergência, sempre respeitosa, com a tese de que o exercício do poder negocial quer na modalidade da disponibilidade sobre o objeto do processo, quer pelo viés da opção até pelo não processo (oportunidade) deva ser visto como inerente à estrutura acusatória, ou ao menos como parte integrante de uma «tradição acusatória (adversarial) do *common law*». Entendo que não há relação entre uma coisa e outra.

De início porque não há definição mais «indefinida», escorregadia, do que a da chamada «estrutura acusatória» do processo penal.

Isso é assim porque a compreensão da própria ideia de Sistema no direito não está pacificada. A leitura do trabalho clássico de Mario Losano[64] revelava, já em 1968, os desacordos semânticos sobre a noção de Sistema no Direito que atravessaram os séculos e que justificam os vários ângulos de observação do fenômeno jurídico (não se pode reclamar a «exclusividade» de um ponto de vista). Isso, por exemplo, sob a ótica de uma «organização estruturada de um objeto ou da ciência que estuda tal objeto» ou conforme a ideia de sistema como «conjunto de normas reunido por um elemento unificador». E assim vai!

Mirjan Damaska, por sua vez, irá sublinhar o modo como cada grupo social reivindicará para si a adoção de nomeados sistemas processuais, em geral de cariz acusatório, sem que seja possível justapô-los ou definir pontos comuns acima de qualquer divergência teórica.[65]

E as dificuldades não diminuem quando o olhar pousa quase exclusivamente sobre o modelo em vigor nos Estados Unidos. Michele Taruffo[66] reafirma, em 2007, suas convicções da década de 70 do século passado, de que o «mito adversarial», sustentado por uma certa «tradição» do *common law*, não corresponde ao mundo real (e por isso é um mito) e tampouco é tão tradicional assim (como se constituem as tradições?).[67]

Em um contexto aparente de tantas incertezas, os estudiosos podem ser levados a crer na conclusão de Juan Montero Aroca, jurista e juiz de primeira linha, sobre a «inutilidade do princípio acusatório para a conformação do processo penal».[68]

Continuo acreditando na validade do conceito, com todas as possibilidades de desencontros de significados, porque o mundo real, das pessoas

---

64 *Sistema e estrutura no direito.* São Paulo: Martins Fontes, 2008.

65 *Las caras de la justicia y el poder del Estado.* Editorial Juridica de Chile, 2000.

66 *El proceso civil adversarial en la experiencia americana.* Bogotá: Temis, 2008.

67 Hobsbawn, Eric e Ranger, Terence. *A invenção das tradições.* 6. ed. Rio de Janeiro: Paz e Terra, 2008.

68 *Proceso penal y libertad.* Pamplona/Navarra: Thomson/Civitas, 2008.

que são encarceradas e julgadas, reclama a imposição de limites ao poder do Estado de encarcerá-las e de matá-las, de uma vez ou em conta-gotas.

A prova disso eu extraio da violenta reação, pós 11 de setembro, nos Estados Unidos. A vigorosa tradição do processo *adversary* não impediu por bastante tempo o desenvolvimento de procedimentos penais em sigilo, com violação do juiz natural, restrições ou supressões do direito de defesa e do contraditório, e perpetuação de detenções «provisórias» sem acusação formal. Sem falar na tolerância com as provas obtidas por meios ilícitos.[69]

O retorno, malgrado lento, às bases mais humanizadas do processo penal nos Estados Unidos, no entanto, tem sido orientado pela fidelidade à «tradição» *adversary* de processo penal, *que serve como parâmetro para questionar e invalidar ações arbitrárias, de índole inquisitorial, no marco do Estado de Direito.*

Assim, o sistema acusatório é como a face de uma moeda: não existe sem a «coroa», cuja presença iminente sempre incomoda, porque relembra (história) as estratégias de infiltração das práticas autoritárias, em avanço muitas vezes destemido sobre os direitos humanos (pesquisa em andamento sobre as matrizes autoritárias do Processo Penal brasileiro na UFRJ).[70]

E é por isso que em cada caso, conforme a história de cada grupo social, alguns aspectos do complexo em que se constitui o Sistema são mais relevantes que outros. As histórias do Brasil e latino-americana, em geral, denunciam a parceria entre juiz e acusador (durante quanto tempo se confundiram no mesmo sujeito processual?) a reivindicar que coloquemos acento na distinção das funções principais do processo, para que coadjuvações do gênero não inviabilizem o direito de defesa, em prejuízo dos direitos fundamentais!

A iniciativa judicial do processo, denominada entre nós de «jurisdição sem ação», o domínio sobre a imputação pelo juiz, apelidado de *mutatio libelli*, o controle judicial da inércia do MP são «evidências» do que afirmo. São pistas do inquisitório encontradas cotidianamente nas prateleiras dos cartórios criminais.

Mas o que importa agora é o Sistema Acusatório, que tem sua história alargada no *common law*. E o poder negocial.

Em um trabalho de fôlego John Lagbein, Renée Lerner e Bruce Smith vão descolar o «plea bargaining» da estrutura acusatória tradicional.[71]

---

[69] SALAS CALERO, Luis. «La Ley Patriótica USA», em *Terrorismo y Proceso Penal Acusatório*. Valencia: Tirant Lo Blanch, 2006.

[70] http://gpgrupodeestudos.blogspot.com, consultado em 07 de setembro de 2010.

[71] *History of the Common Law: the development of anglo-american legal institutions*, Aspen, 2009. Sobre a história do *plea bargaining* nos Estados Unidos da América: FISCHER, George.

O pragmatismo norte-americano, no século XIX, ditado pelas dificuldades da organização do Júri para dar conta dos dilemas cada vez mais complexos, gerados por uma sociedade industrial em desenvolvimento, é somente uma das hipóteses aventadas por estudiosos ingleses e norte-americanos.[72]

O certo, porém, e aí são dois professores da Universidade de Chicago que irão se pronunciar a respeito, é que durante muito tempo neste mesmo século XIX, nos Estados Unidos, os juízes resistiram intensamente a admitir a confissão – e a correspondente «barganha» – como mecanismos de exclusão do Júri, dispensa do ônus da prova pela acusação e, de quebra, não aplicação da Sexta Emenda![73]

John Langbein irá ressaltar que justamente este foi o período em que o direito, não como prática social, mas como ciência ou saber instrumental, passou a se interessar e a tomar como objeto de análise o processo criminal: «*It was not until the third quarter of the nineteenth century that the modern form of the adversary trial appeared with frequency in the bulk of ordinary criminal cases. This is some one hundred or 150 years after the introduction of those institutions – rules of evidence, procedure, expansion of the rights of defense counsel, and other factors – normally associated with the lawyerization of the criminal procedure*».[74]

Um pouco como o processo penal «gata borralheira» de Carnelutti,[75] quando comparado ao saber desenvolvido no âmbito do *common law* pelos demais ramos do direito, lá o criminal não ocupou espaço destacado, salvo como prática social.

E é neste contexto de prática social, com maiores ou menores resistências nos tribunais e, agora, inversamente, com maior resistência na doutrina em confronto com a ampla aceitação pelas corporações profissionais (juízes, advogados e MP), que o poder negocial conquistou seu espaço no direito anglo-saxão.

Plea Bargaining Triumph: a history of plea bargaining in America, Stanford, California: Stanford University Press, 2003. Sobre a expansão do *plea bargaining*: *World Plea Bargainig: consensual procedures and the Avoidance of the Full Criminal Trial.* Coordenado por Thaman, Stephen C. Durham, North Carolina: Carolina Academic Press, 2010. E sobre a crítica interna ao *plea bargainig:* Pizzi, William T. *Trials without truth.* New York: New York University Press, 1999.

[72] Langbein *et alii*, *op. cit.*, p. 709.

[73] Alschuler, Albert e Deiss, Andrew. «Breve historia del jurado criminal en los Estados Unidos», *Cuadernos de Doctrina y Jurisprudencia Penal,* ano VIII, n. 14, Buenos Aires: Ad Hoc.

[74] Langbein *et alii*, *op. cit.*, p. 709.

[75] Carnelutti, Francesco. «Observaciones sobre la imputación penal», em *Cuestiones sobre el proceso penal.* Buenos Aires: Libreria El Foro, tradução da obra de 1950: 135.

A questão jurídica nos Estados Unidos não é colocada no âmbito da «ação penal»! A discussão jurídica – e não política, em sentido estrito – diz com o direito ao júri (Sexta Emenda) e a relação, difícil, entre a solução da causa e o «mito adversarial» de que este tipo de processo é mais adequado à determinação da «verdade».[76]

Não se pensa com categorias ou termos continentais, como oportunidade ou disponibilidade, mas sim com a eficiência punitiva que periodicamente reclama a legitimidade do MP (eleição), em um contexto bastante distinto do nosso!

Vale dar uma lida no cap. 4 do *Adversarial Legalism: the American way of law,* de Robert Kagan, e nas demandas por mais segurança (ou na manipulação do medo) entre as classes médias norte-americanas, para compreender o salto extraordinário da população carcerária e sob vigilância nos Estados Unidos, dos anos 60 para cá, e como isso influenciou o adversarial *legalism* na área criminal.[77]

Assim, atrelar o poder negocial, ainda que sob a forma de procedimento sumário, ao modelo acusatório importa em juntar duas coisas que não comungam a mesma identidade, tampouco precisam do mesmo «ar» para viver.

Claro que o projeto de Código de Processo Penal não obedece a algum capricho de seus autores, respeitados no meio acadêmico e profissional, e todos indiscutivelmente comprometidos com os direitos humanos e a democracia (a biografia de cada um deles os antecede).

É necessário tentar entender os fios que unem a proposta de poder negocial à reformulação completa e complexa de nosso modelo de persecução criminal.

Começo por reproduzir um texto de Loïc Wacquant: «Após abandonar o programa social fordista-keynesiano em meados dos anos 1970 e o processo de esfacelamento do gueto negro como instrumento de controle de casta, os Estados Unidos lançaram-se em um experimento sócio-histórico singular: a incipiente substituição da regulação estatal da pobreza e dos distúrbios urbanos, frutos da crescente desproteção social e do conflito racial, por seu *gerenciamento punitivo por meio da polícia, da Justiça e do sistema correcional* [grifo nosso]».[78]

Segue Wacquant, acrescentando que a consequência inevitável desta escolha não poderia deixar de ser a ascensão descomunal do Estado Penal,

---

[76] Ver TARUFFO, *op. cit.*, cap. 1.

[77] KAGAN, Robert. *Adversarial Legalism: the American way of law*, Harvard, 2003.

[78] WACQUANT, Loïc. *As duas faces do gueto.* São Paulo: Boitempo, 2008: 123.

nas três décadas seguintes: «*Expansão vertical* via hiperinflação carcerária: a quadruplicação da população encarcerada em 25 anos, devida basicamente ao aumento das detenções, fez dos Estados Unidos o inigualável campeão mundial em aprisionamento, com 2 milhões de pessoas atrás das grades e 740 presos por 100 mil habitantes – de seis a doze vezes as taxas de outras sociedades avançadas –, embora o índice de criminalidade permanecesse em estagnação e depois em declínio durante o período».

Convém rematar o registro dos dados, ainda com base nas informações de Wacquant, sublinhando: «*Expansão horizontal* via dilatação da suspensão condicional da pena, reestruturação da liberdade condicional e ampliação das bases de dados eletrônicas e genéticas, para propiciar maior vigilância à distância. O resultado desse "alastramento" da rede penal é que hoje 6,5 milhões de norte-americanos estão sob supervisão da justiça criminal, o que representa, na população masculina, um em cada vinte adultos (mais de 35 anos), um em nove adultos negros e um a cada três negros com 18 a 35 anos».

Os números impressionam, mas não devem ser avaliados de maneira isolada.

Albert Alschuler e Andrew Deiss, professores da Faculdade de Direito da Universidade de Chicago citam dados do Departamento de Justiça dos Estados Unidos para salientar que, em 1992, nos 75 maiores condados norte-americanos 94% de todas as condenações por delitos graves decorreram de «declarações de culpabilidade». Em Nova York, naquele ano, o índice registrado foi de 93% (*op. cit.*, p. 189).

De acordo com a fisiologia do Sistema de Justiça Criminal em vigor nos Estados Unidos a população encarcerada não está nas cadeias e penitenciárias, salvo por ordem judicial. E também a vigilância de natureza criminal, que submete mais de três milhões de pessoas, presume o funcionamento ordinário desse mesmo sistema, que no ontem recentíssimo e no hoje depende dos acordos diretos entre MP e Defesa/acusado em torno da assunção de culpa e da aplicação da pena, sem provas, alegações e confrontações com a presunção de inocência.

Os arts. 278 e 279 do Projeto de lei 156 do Senado, na versão aprovada na CCJ, correspondem à condenação direta.

Pelo art. 278, o MP e a Defesa poderão requerer ao juiz «a aplicação imediata de pena nos crimes cuja sanção máxima cominada não ultrapasse 8 (oito) anos», desde que verificadas algumas condições, a saber: a) a confissão, total ou parcial; b) o requerimento de que a pena privativa de liberdade seja aplicada no mínimo legal...; c) expressa dispensa das provas.

Convém logo destacar um ponto: o consenso penal em torno da condenação, com a possibilidade mesmo de imposição de pena de prisão, ainda que de curta duração, está regulado como uma espécie de procedimento (Capítulo III – Do procedimento sumário).

O que me parece fundamental, no atual contexto, diz com duas questões incontornáveis: a) o nosso regime de direitos fundamentais autoriza a condenação sem provas e por este meio a imposição de graves restrições às liberdades públicas, afastando-se a proteção da presunção de inocência? b) qual a razão de política criminal e judiciária que busca legitimar, justificar ou explicar a referida eleição (pela condenação direta)?

II

O nosso regime de direitos fundamentais autoriza a condenação sem provas, e por este meio a imposição de graves restrições às liberdades públicas, afastando-se a proteção da presunção de inocência?

Em Transação Penal[79] avancei a seguinte hipótese, que transcrevo: «A irrenunciabilidade do direito fundamental, pelo particular, é o antecedente lógico da indisponibilidade e no campo jurídico invalida, por contradição com a Constituição, qualquer ato tendente à abdicação dos direitos individuais.»

Então, em 2003, e a propósito de analisar a transação penal da Lei 9.099/1995, trabalhei neste nível para destacar a «irrenunciabilidade e indisponibilidade do exercício do direito de defesa no processo penal brasileiro».[80]

Creio ter antecipado em sete anos este debate quando escrevi sobre «funcionalidade e eficiência: a transação penal desliza em direção à prisão» (*idem*, p. 16-28) para diagnosticar tendências e argumentos que o funcionalismo penal infiltrava na doutrina brasileira, em busca de apoio ao projeto de implantação da negociação em torno da pena privativa de liberdade.

Tenho certeza de que meu livro mais conhecido – e que mais aprecio – é o Sistema Acusatório. Para mim, porém, o trabalho de que mais me orgulho, ao lado da investigação sobre interceptações telefônicas e a jurisprudência do STJ, é este, Transação Penal.

Isso porque, percebendo a energia liberada em prol da introdução entre nós do *plea bargaining,* busquei interrogar o estatuto de nossos direitos fundamentais, ainda antes da confrontação teórica entre âmbito normativo

---

[79] PRADO, Geraldo. *Transação penal,* cit., p. 189.
[80] *Op. cit.*, p. 70.

e tutela de bem jurídico no cenário destes direitos, no campo do processo penal, para assinalar que a proteção dos direitos fundamentais em uma sociedade semi-periférica há de ser interpretada como limite às forças opressivas que historicamente bloquearam aos grupos mais vulneráveis o acesso aos bens da vida.

A criminologia crítica produzida na América Latina comprova empiricamente o torpedeamento das classes e dos grupos sociais mais frágeis via sistema penal.[81]

Neste contexto, assegurar o núcleo dos direitos fundamentais em cada caso é estratégico. E não se pode duvidar, à luz dos incisos LIV, LV e LVII do art. 5.º da Constituição da República, que a presunção de inocência, o direito ao processo e, consequentemente, o direito à prova sejam direitos fundamentais!

E se o são, em âmbito penal, é assim por quê?

Entre nós a impossível coerção sobre a presunção de inocência obedece à lógica de impor limites ao encarceramento como estratégia histórica de controle social. E é contra esta estratégia que o devido processo penal se instituiu no Brasil, pós 1988.

A tese da irrenunciabilidade (naturalmente que pelo próprio titular do direito) a determinados direitos fundamentais, para preservar a essência destes direitos, não é nova.

Na palestra alertei para o exemplo: João, denunciado por homicídio doloso, se dirige ao juiz da Vara Criminal e, dizendo-se confiante em seu julgamento, requer seja dispensado do Júri para ser julgado no mérito pelo juiz. De antemão o acusado afirma que aceitará qualquer resultado, até mesmo a condenação.

Indago: em semelhante hipótese a autonomia de vontade de João produz uma manifestação jurídica válida e apta a dispensá-lo do Júri, garantia constitucional prevista no inciso XXXVIII do art. 5.º?

Somente a resposta afirmativa a esta questão pode justificar a declaração da constitucionalidade da condenação direta, prevista nos arts. 278 e 279 do Projeto! Até onde sei este não é o rumo ajustado no Brasil, quer na teoria, quer na prática dos tribunais, acerca do Direito ao Júri.

E a negativa não é uma opção, mas decorre do estatuto dos direitos fundamentais que é adotado no Brasil!

---

[81] ZAFFARONI, Eugenio Raúl. *En busca de las penas perdidas*. 4. reimpr., cap. 1, Buenos Aires: Ediar, 2005.

Concluo, pois, sustentando a inconstitucionalidade da previsão.

III

As questões da ordem das políticas criminal e judiciária que pressionam pelo Poder Negocial.

Há outras questões a serem investigadas.

Com efeito, na sequência dos tópicos anteriores, cuidei de abordar as razões latentes da previsão da negociação direta em torno da pena, conforme está nos arts. 278 e 279 do PLS 156.

Em síntese, ao lado dos motivos manifestos, que são identificáveis na Exposição de Motivos, há questões da ordem das políticas criminal e judiciária que estão ocultas, mas que dizem com a realidade do funcionamento cotidiano do Sistema de Justiça Criminal, suas demandas e as articulações um tanto inevitáveis com as pressões de grupos sociais por maior controle.

Começarei citando dados. Dados coletados pela socióloga Julita Lemgruber para apresentação no Painel 4, Fora da lei, abaixo da vida, do Seminário «A Justiça que queremos», promovido pela Escola da Magistratura do Rio de Janeiro (Emerj), em 15 de agosto de 2008.

A professora Julita buscou em fontes oficiais (Ministério da Justiça) os números que falam com eloquência: a população carcerária no Brasil, em 1995, era de 148.760 pessoas. Em 2007 esta população havia saltado para 422.590 pessoas, em uma taxa correspondente a 221 presos a cada 100 mil habitantes, contra 93 presos a cada 100 mil pessoas em 1995.

Outro número interessante que se extrai da pesquisa diz com a evolução das pessoas em vigilância, no Brasil, pelo Sistema Criminal, sem encarceramento. A socióloga destaca que em 1995 havia 80.364 pessoas cumprindo penas e medidas alternativas (transação penal e suspensão condicional do processo, conforme os arts. 76 e 89 da Lei dos Juizados Especiais Criminais).

Este número saltou para 498.729 pessoas em 2008 (maior, portanto, que o de presos, que era de 439.737).

Para o que nos interessa, porém, o que vale, efetivamente, é somar: Em 2008 havia no Brasil 938.466 pessoas submetidas, de uma forma ou de outra, ao Sistema Criminal.

Os números revelam o que Nilo Batista denuncia sempre, com lastro nos dados registrados oficialmente, mas que parecem tocar pouco à sensibilidade dos juristas: há no País, inegavelmente, uma política de Estado Penal, que se torna aguda se os números dos mortos em confronto com a polícia, especialmente nos grandes centros urbanos forem somados.[82]

O Brasil encontra-se, portanto, em uma encruzilhada e deve escolher entre a amplificação dos «controlados pelo sistema» ou a adoção de estratégias que façam recuar estes números de forma significativa, mediante procedimentos que evitem a todo o custo a intervenção penal, o processo criminal, a aplicação imediata ou postergada de sanções penais de qualquer natureza.

Respondendo ao professor Gabriel Sampaio, da PUC de São Paulo, que estava na plateia do Seminário, propus que olhássemos com maior atenção as iniciativas de mediação e justiça restaurativa.[83]

Ressaltei, todavia, que não há respostas prontas, mas uma só certeza: quanto mais encarcerarmos, mais encarceramento será demandado.[84]

De toda maneira, aqui está o que interessa. A condenação direta, pelo procedimento do art. 278 do PLS 156, com confissão (total ou parcial) e expressa dispensa de provas, ainda que o consenso opere sobre a pena mínima cominada, associa-se à política criminal do Estado Penal.

E a política judiciária?

Deixando de lado um tanto da discussão sobre ideologias autoritárias e de garantia, não é possível desprezar a vertente constituída pela pressão sobre o Poder Judiciário para julgar mais (em quantidade) e mais rapidamente (celeridade), de sorte a gerir os casos por meio de processos coletivos ou de medidas padronizadas (ver a «Campanha das Metas» do CNJ).

A questão problemática, no entanto, surge quando se observa no dia a dia dos fóruns criminais que a adoção da oralidade nos procedimentos penais, a partir de 2008, atendendo antiga reivindicação dos juristas democráticos na esfera penal, «quebrou o ritmo» imposto pela demanda de aceleração processual (Lei 11.719/2008, que modificou os procedimentos no atual Código de Processo Penal).

Não há como «padronizar» os julgamentos das causas penais que se submetem ao procedimento probatório para determinar, em cada caso, a «verdade» dos fatos e assim adjudicar soluções em tese mais justas.

---

[82] FLAUZINA, Ana Luiza Pinheiro. «Corpo negro caído no chão: o sistema penal e o projeto genocida do Estado brasileiro». Rio de Janeiro: Contraponto, 2008.

[83] SICA, Leonardo. «Justiça restaurativa e mediação penal: o novo modelo de justiça criminal e de gestão do crime». Rio de Janeiro: Lumen Juris, 2007. PALLAMOLLA, Raffaella, monografia vencedora do 13.º Concurso de Monografias de Ciências Criminais do IBCCrim, sob o título «Justiça restaurativa: da teoria à prática», 2009.

[84] BAUMAN, Zygmunt. *Confiança e medo na cidade.* Rio de Janeiro: Zahar, 2009.

E com a oralidade, postulada em audiência única (concentração), cada processo se transforma em um «pequeno júri», ainda que se trate de crimes sem maior gravidade. Demanda-se tempo que consome um no lugar de dois, três ou mais processos.

O procedimento do Código de Processo Penal reformado em 2008 revela-se inadequado ao propósito de atender às Metas do CNJ!

O problema não é novo ou original. O profundo processo político de reforma do Processo Penal na América Latina, em seguida às transições democráticas, foi estudado pelo Centro de Estudios de Justicia de las Américas (CEJA), que detectou as dificuldades inerentes à adoção da oralidade.

Em 2004 participei da publicação coletiva da revista Sistemas Judiciales: una perspectiva integral sobre la administración de justicia (CEJA, ano 4, n. 7), sob o tema «oralidad y formalización de la Justicia».

Já naquela ocasião existia farto material disponível para constatar que as dificuldades opostas ao processo civil não se equivalem às do processo penal. Em ambos os casos as questões controvertidas são delicadas. Ambas as esferas aspiram à «neutralidade» ideológica burguesa que faz pender a balança em favor do mais forte. Mas o processo penal consegue ser mais diretamente brutal e, como disse, cobra o preço da submissão em vida e liberdade.

Assim, os caminhos da «antecipação de tutela» na seara penal (verdadeiro nome deste procedimento proposto) refletem a opção por contornar as dificuldades derivadas da oralidade que, apesar da promessa de audiência única, alarga sobremodo o tempo de resolução dos processos criminais e inviabiliza o atendimento das metas de gestão neoliberal das Justiças em estados periféricos e semiperiféricos.

A questão está em definir o quanto de compatibilidade existe entre esta estratégia de política judiciária e as garantias constitucionais do processo penal e se a força ideológica neoliberal será suficiente para comprimir as garantias liberais, em uma tensão que decorre de escolhas políticas das quais não há ninguém a salvo.

IV

A «verdade» e o Poder Negocial.

Falarei da problemática «questão da verdade» no processo penal.

Inicio por afirmar que ambos os modelos, acusatório e inquisitório, reivindicam a verdade como sua «fonte de legitimação».

Mais importante do que tentar determinar o que seja definido como verdade em ambas as estruturas – até pela razão de que não há consenso a respeito – registro que há um «uso político» da verdade, nos dois casos, que merece a nossa atenção e que é por conta desse uso político que é travada a disputa em torno dos poderes dos sujeitos processuais.

Na obra de Taruffo citada (como em vários de seus outros livros),[85] o professor italiano irá destacar a crítica dirigida pelo pensamento jurídico continental europeu ao fato de o processo *adversary* entregar as provas em aparente exclusividade às partes.

Muito claramente Taruffo relata que os críticos do *adversary system* salientam que as manifestações mais «fortemente degenerativas» decorrem da incapacidade de a atividade das partes conduzir a conhecimentos «verdadeiros» acerca dos fatos da causa e assinala que por «conhecimentos verdadeiros» se deve entender «as reconstruções suficientemente aproximadas à realidade dos fatos que devam ser comprovados» (*op. cit.*, p. 43).

O tema é relevante para nós por aquilo que, em *Derecho y razón*,[86] Luigi Ferrajoli sublinhará como fundamento da legitimidade do exercício do poder punitivo, na sociedade democrática contemporânea, tal seja, a verdade postulada em um processo orientado em direção à verificação dos fatos penalmente relevantes, por métodos que operem à base do cognoscitivismo.

Esta verdade processual invocada como fonte de legitimidade diferenciará os modelos inquisitório e acusatório, conforme a visão de Ferrajoli, entre outros motivos, por não expressar o subjetivismo judicial que, toldado pela ilusão de uma «verdade real», supostamente estaria a autorizar o juiz penal a partir em busca dos elementos que comprovarão no mundo dos fatos a argumentação de uma das partes!

A impossibilidade de uma completa correspondência entre o fato (situado, pois, no passado, como o nome indica) e a imagem do fato na mente do juiz, a necessária imparcialidade do julgador, como garante da existência do próprio processo penal no Estado de Direito, e os bloqueios éticos à aquisição das informações (proibição das provas ilícitas) separam rigidamente as estruturas acusatórias das de índole inquisitorial.

Ferrajoli, porém, não estreita a crítica, fixando-a somente em relação aos modelos que fortalecem a posição do juiz, quer na gestão da prova, quer no plano da iniciativa para o processo, quando é conformada a imputação nas diversas etapas da persecução (redação do art. 384 do CPP antes da reforma introduzida pela Lei 11.719/2008).

---

85 *La Prueba*. Madrid: Marcial Pons, 2008; *La prueba de los hechos*. Madrid: Trotta, 2002.

86 Ferrajoli, Luigi. *Derecho y razón: teoria del garantismo penal*. 4. ed. Madrid: Trotta, 2000: 69.

O autor de *Direito e razão* aduz que a disputa por legitimidade envolve, claro, todas as formas de resolução das questões penais que «dispensam» ou «demitam» a verdade do posto de base ou fundamento da própria decisão.

E, é claro, neste contexto as diversas manifestações de «transação penal» do *common law* encontram-se no foco da discussão, uma vez que o acordo entre as partes prescinde da verificação dos fatos em juízo.

Este é o ponto de vista dominante na formação jurídica continental europeia acerca do (inexistente) papel da verdade no processo penal estruturado na conformidade do acusado à pena negociada.

O olhar do *common law* sobre o assunto, todavia, é outro.

A começar, Taruffo assinalará que a par da impossível definição unitária de um modelo *adversary*, provavelmente o «único conceito ordenador que se pode considerar exclusivamente típico do *adversary system* é o da *passividade do juiz árbitro na busca da verdade*» (grifo nosso).[87] Em seguida, porém, revelará o quanto isso não é totalmente «verdadeiro», sequer no sistema de justiça norte-americano.

Em linhas gerais, a ideologia dominante no *common law* acerca da verdade aponta para a crença na «*fight theory of truth*», em virtude da qual a mais ampla oportunidade das partes terem acesso às informações que fundam as suas pretensões em juízo sempre inspirará o comportamento dos adversários/litigantes, que assim buscarão a melhor solução para o seu conflito, como reflexo dessa verdade possível de ser determinada judicialmente em um «duelo intelectual».

Nisso jogam categorias e crenças próprias deste sistema. Desde a *discovery*, ainda que pesando «a disparidade institucional entre o MP e o imputado» (Taruffo, *op. cit.*, p. 11), mas que por conferir às partes, no preâmbulo do procedimento, o conhecimento acerca das armas do adversário, persegue a redução da influência de fatores não derivados da racionalidade jurídica (limitando o espaço de atuação de uma «*sporting theory of justice*»), até a convicção de que a técnica do «*cross examination*», como metodologia para a assunção da prova, viabiliza a produção dessa verdade.

O que parece exato nisso tudo é que *common law* e direito continental europeu, de que somos herdeiros, não falam de uma mesma «verdade» como fundamento de legitimidade do exercício do poder punitivo.

O discurso sobre a «verdade» é distinto em ambos e opera a partir dos objetivos perseguidos onde estes discursos imperam como expressão da visão peculiar do mundo que as respectivas sociedades compartilham.

---

[87] *El proceso civil...*, cit., p. 5.

De um lado a verdade como a «reconstrução suficientemente aproximada à realidade dos fatos»; de outro a verdade como «dominada» pelas partes, que dela fazem o melhor uso, quer em virtude de seus interesses expressos em juízo, quer pela técnica do «*cross examination*», sem, contudo, defini-la!

Em «A verdade e as formas jurídicas»[88] Michel Foucault advertia para o «discurso como esse conjunto regular de fatos linguísticos em determinado nível, e *polêmicos e estratégicos* em outro» (grifo nosso).

É nesse plano «estratégico» que deslizam os dois discursos e suas derivações.

Sem dúvida que por tudo o que mencionei, a opção pelas soluções negociadas de casos criminais haveria, ela própria, de adaptar-se aos discursos legitimadores que circulam no «mundo da vida». De outro modo, a «transação penal» perderia seu *status* de técnica aceitável de resolução dos casos penais.

Por último, relembro que na obra de Foucault que mencionei, ao relatar a caminhada do «inquérito»/busca da verdade na constituição da técnica do poder penal por excelência, o filósofo separou também rigorosamente os métodos de solução de litígios entre os que buscam a composição do conflito (ver o mito da história da contestação entre Antíloco e Menelau – Conferência 2) e os que tem por base a verdade.

V

O processo como «jogo».

Com frequência tenho dito que os modelos acusatório e inquisitório tocam à busca da verdade e que as soluções penais consensuais tratam de coisa diversa e por isso não se enquadram, diretamente, em quaisquer desses modelos.

Desenvolvo um pouco mais, mas ainda de maneira tópica, uma das questões que tenderá a atravessar o processo penal, em sua versão negocial. Trata-se da «ação estratégica» das partes em busca de persuadir o adversário a compor e de como os instrumentos legais e as práticas de «convencimento» esbarram em uma tradição inquisitória forjada sobre a ideia da verdade.

Com efeito, não há novidade em se compreender o processo guiado pelo princípio dispositivo como um «jogo».

---

[88] FOUCAULT, Michel. *A verdade e as formas jurídicas.* Rio de Janeiro: Nau, 2005: 9.

Em 1950, Piero Calamandrei, professor na Universidade de Florença, escreveu seu famoso artigo denominado «O processo como jogo», em homenagem ao professor Francesco Carnelutti.[89]

Naquela oportunidade e, como quase sempre, muito além de seu tempo, Calamandrei propunha investigar o processo civil orientado pelo princípio dispositivo não por critérios estritamente abstratos, consagrados nos «manuais escolásticos», conforme rígidos esquemas que raramente aderiam à realidade forense!

Interrogar o cotidiano das atividades processuais e perceber nas ações das partes seus objetivos imediatos e também os indiretos, e as táticas para alcançá-los, dizia muito do complexo em que de fato o processo se constitui e, a partir deste conhecimento seria possível ordenar medidas e prevenir danos em busca de uma jurisdição dirigida à Justiça.

Assim, o passo inicial da investigação do processualista italiano foi dado no sentido de interrogar as partes acerca de seu objetivo final. A resposta, de que Carnelutti irá se desagradar ante sua própria concepção de processo e sua crença moral nas atitudes humanas e nos (bons) propósitos dos «atores» processuais é sem dúvida esta: as partes buscam a vitória!

Segundo este ponto de vista o processo não é o instrumento para necessariamente conceder a vitória a quem tem razão («para obter justiça não basta ter razão»). Pelo enfrentamento de ações guiadas por objetivos distintos e praticadas para tornar realidade estes objetivos, o processo se encerra em uma sentença que, segundo Calamandrei, «não é uma aplicação automática das leis aos fatos», mas bem o resultado de «uma competição renhida», em que não prevalecem apenas as boas razões, mas principalmente «a habilidade técnica para fazê-las valer».

Pelo menos com duas décadas de antecedência Calamandrei antecipou-se a Carnelutti para destacar na sentença «o ato de eleição (escolha) pelo juiz» da versão prevalecente entre as opostas pelas partes neste duelo intelectual em contraditório.

Como disse, não há novidade alguma nisso, mas com muita frequência a compreensão do novo passa por revisitar o antigo e, quiçá, como adverte Boaventura de Souza Santos, «descobrir com atraso o que sabíamos quando éramos considerados atrasados»!

E a redescoberta aqui diz com táticas e estratégias que as partes empregam para obter um resultado processual nem sempre condizente com

---

[89] CALAMANDREI, Piero. «Il processo come giuoco», *Rivista di Diritto Processuale*, vol. V, parte I, Padova: Cedam, 1950: 23-51.

aquilo que a doutrina processual penal acostumou-se a definir como ponto de encontro das forças em movimento no processo: a verdade!

Quando o autor se apresenta em juízo no começo do processo o faz por meio da petição inicial, que no relato dos fatos e em sua estruturação geral contém o «desenho estratégico», em nível probatório, daquela que deverá ser a caminhada dele, autor, em busca de uma sentença procedente.[90] É natural que seja assim, pois não se concebe que o autor esteja em juízo desacreditando em sua própria tese.

E, claro, em um processo penal acusatório ou inquisitório, cuja premissa é de que a sentença esteja apoiada em provas dos fatos penalmente relevantes, sempre será possível detectar distorção na seleção dos meios probatórios introduzidos pelas partes ou pelo juiz, uma vez que todos estes sujeitos, conforme estejam previamente comprometidos com alguma hipótese (o juiz, naturalmente, no procedimento de matriz inquisitorial), irão eleger as provas que em sua opinião habilitam a justificar a tese defendida ou eleita. Fugir disso significa buscar uma Justiça para além das possibilidades (características) humanas!

No marco do processo penal orientado pela produção de provas, a estratégia da acusação em um primeiro momento estará voltada, portanto, à demonstração da fiabilidade da imputação. As provas serão propostas com este objetivo e, sendo admitidas, as provas aportam no processo para «instruir» o juiz consoante «a língua falada» pela parte autora. O que não é contraditório com o convencimento, pelo Ministério Público, ao longo do processo, de que a tese inicialmente esposada é inviável, pois está «em contradição» com a prova produzida ao longo da instrução. Por isso a evidente liberdade de o Ministério Público abandonar a versão acusatória e postular a absolvição do acusado.

Em linhas gerais, esta é a legitimação democrática que, com algum esforço, é possível extrair do garantismo penal, fundado em uma filosofia analítica e em seu entendimento «político» sobre o papel da verdade no processo penal, com as amarras que «eticizam» o processo, em busca de imunizá-lo contra os abusos inquisitoriais (inércia judicial, proibição das provas ilícitas, respeito à dignidade do acusado na relação com as atividades probatórias etc.).

Não há dúvida de que a distância entre ficção jurídica e realidade, mesmo no marco do garantismo, é abissal e se alarga em um país como o nosso, em que a defesa da enorme maioria dos acusados depende de

---

[90] ANDRÉS IBAÑEZ, Perfecto. *Valoração da prova e sentença penal*. Rio de Janeiro: Lumen Juris, 2006: 39.

Defensorias Públicas que ainda não são prioridade para os governantes, ou mesmo da boa vontade da advocacia dativa. A garantia da paridade de armas converte-se apenas em mais um «chavão teórico», presente nos novos «manuais escolásticos», porém quase desaparecida da realidade do Sistema de Justiça Criminal.

Tal distorção, todavia, acaba incrementada na Justiça Penal de caráter negocial.

É que o novo horizonte estratégico, neste caso, não está ditado pela seleção das provas para influir no convencimento do juiz.

Não há provas neste contexto! Elas estão banidas do processo negocial, não porque sejam inúteis ou irrelevantes, mas pela razão de dificultarem os acordos probatórios!

Em sua crítica dura ao debate, ao seu juízo supérfluo do ponto de vista científico, sobre se há sentido em falar em um princípio acusatório, Montero Aroca sublinha que a «mítica» que envolve o *adversary* nos Estados Unidos é desmentida diariamente pelo apelo a um procedimento não adversarial, o *plea bargaining*, em que se empenham tão ferozmente todos os envolvidos, incluindo o juiz e o próprio advogado do réu, que pressionam este último a «aceitar» o acordo e assim dar conta do maior número de casos possível.[91]

A partir da ideia-chave do modelo negocial, de que partem todos, incluindo juiz e defensor, de que «o acusado se presume culpado»,[92] os sujeitos processuais empenham-se decididamente a convencer o réu a «acordar» (!?).

E nisso estão ordinariamente baseadas as estratégias de convencimento que, já em 1950, Calamandrei advertia, focalizando o uso tático (lateral) das medidas cautelares. Em outras palavras: em um contexto de «jogo» em que o resultado não depende de provas, mas da persuasão do adversário para forçá-lo a aceitar o acordo, o uso das providências cautelares desviadas da função de proteção processual revela-se uma arma extraordinária!

E aí eu alerto não somente para o emprego das cautelares na investigação, para onde as atividades processuais são decididamente deslocadas (antecipadas), em um ambiente de menor influência da defesa e menos permeável ao contraditório, mas também para a chamada *Blitz-krieg* dos procedimentos cautelares (Calamandrei), esgrimida como meio de coerção psicológica.

---

[91] *La inutilidad del llamado principio acusatorio para la conformación del proceso penal*, cit., p. 81.

[92] *Idem, ibídem*, p. 83.

Bernd Schünemann irá destacar o «efeito hidra» das cautelares, no processo penal alemão, como fonte de estímulo aos acusados a aceitarem a «conformidade», o acordo penal![93]

O sufocar do investigado, na fase preliminar, com adoção de medidas cautelares que retiram dele suas fontes de renda e sobrevivência e, não raro, a própria liberdade, não apenas serve para angustiá-lo, sob o ângulo psicológico, e enfraquecê-lo, tornando factível e «interessante» o acordo, como funciona ainda como uma espécie de «radar das infrações penais desconhecidas», que seriam recolhidas por esta «rede» de providências cautelares de modo bastante simétrico às investigações inquisitoriais do procedimento eclesiástico da Idade Média!

Não por acaso o comportamento processual que se espera do acusado, na negociação penal, igualmente remete à Idade Média: a confissão!

E como escapar à conformidade, ao acordo, em condições tão desfavoráveis?

Em 2009, o Conselho Nacional de Justiça levantou dados sobre a correspondência entre prisões cautelares e as que se originam em condenação. O quadro pode ser consultado no respectivo endereço de internet.[94]

Schünemann sublinhará, na Alemanha, que em 1980 47,5% dos presos provisórios não eram condenados posteriormente.[95] E especificamente sobre os acordos penais, o professor alemão referirá que «substituíram a investigação da verdade material a ser realizada em um juízo oral, como base da sentença, pelo consenso do participante... mediante a submissão dele ao marco de uma sentença acordada previamente».[96]

Este método abarcava na Alemanha de um quarto a um terço dos casos penais, em fins dos anos 80. Em pelo menos a metade deles havia prisão provisória.[97]

CONSIDERAÇÕES FINAIS

Este é, pois, o cenário em que trava a disputa pelo exercício do poder negocial no Brasil. Advertir para isso é também, e principalmente, função da teoria crítica. Trata-se de compromisso com o Estado de Direito.

---

[93] SCHÜNEMANN, Bernd. *La reforma del proceso penal.* Madrid: Dykinson, 2005: 33.

[94] http://www.ciddh.com/archivos/pdf8597741916.ppt#326,1,Slide%201, consultado em 07 de setembro de 2010.

[95] SCHÜNEMANN, *op. cit.*, p. 32.

[96] *Idem, ibidem*, p. 44.

[97] *Idem, ibidem*, p. 45.

REFERÊNCIAS BIBLIOGRÁFICAS

AGAMBEN, Giorgio, 2004: *Estado de exceção*. São Paulo: Boitempo.

AGUILAR FERNÁNDEZ, Paloma, 2008: *Políticas de la memoria y memorias de la política*. Madri: Alianza.

ALONSO, Angela, 2002: *Ideias em movimento: a geração de 1870 na crise do Brasil-Império*. São Paulo: Paz e Terra.

ALSCHULER, Albert e DEISS, Andrew. «Breve historia del jurado criminal en los Estados Unidos», *Cuadernos de Doctrina y Jurisprudencia Penal*, ano VIII, n. 14, Buenos Aires: Ad Hoc.

BATISTA, Nilo, 2004: «Os sistemas penais brasileiros», *Novas tendências do direito penal*. Rio de Janeiro: Revan.

___, 2007: *Introdução crítica ao direito penal brasileiro*. 11. ed. Rio de Janeiro: Revan.

BAUMAN, Zygmunt, 2009: *Confiança e medo na cidade*. Rio de Janeiro: Zahar.

BINDING, Karl e HOCHE, Alfred, 2009: *La licencia para la aniquilacion de la vida sin valor de vida*. Coleção El penalismo olvidado, coordenada pelo jurista argentino Eugenio Raúl Zaffaroni. Buenos Aires: Ediar.

BOURDIEU, Pierre, 2004: *Os usos sociais da ciência: para uma sociologia clínica do campo científico*. São Paulo: Ed. Unesp.

BUSATO, Paulo, 2011: *Reflexões sobre o sistema penal do nosso tempo*. Rio de Janeiro: Lumen Juris.

CALAMANDERI, Piero, 1950: «Il processo come giuoco», *Rivista di Diritto Processuale*, vol. V, parte I, Padova: Cedam.

CALERO SALA, Luis, 2006: «La Ley Patriótica USA», em *Terrorismo y proceso penal acusatório*. Valencia: Tirant Lo Blanch.

CARNELUTTI, Francesco. «Observaciones sobre la imputación penal», em *Cuestiones sobre el proceso penal*. Buenos Aires: Libreria El Foro, tradução da obra de 1950.

CHALMERS, Alan, 1994: *A fabricação da ciência*. São Paulo: Ed. Unesp.

DAMASKA, Mirjan, 2000: *Las caras de la justicia y el poder del Estado*. Editorial Juridica de Chile.

FERRAJOLI, Luigi, 2000: *Derecho y razón: teoria del garantismo penal*. 4. ed. Madrid: Trotta.

FEYERABEND, Paul. *Contra o método*. São Paulo: Ed. Unesp.

FISCHER, George, 2003: *Plea Bargaining Triumph: a history of plea bargaining in America, Stanford*. California: Stanford University Press.

FLAUZINA, A. L. Pinheiro, 2008: *Corpo negro caído no chão: o sistema penal e o projeto genocida do Estado brasileiro*. Rio de Janeiro: Contraponto.

FOUCAULT, Michel, 2005: *A verdade e as formas jurídicas*. Rio de Janeiro: Nau.

FRÁPOLI, Maria José e NICOLÁS, Juan Antonio (org.)., 1997: *Teorias de la verdad en el sglo XX*. Madri: Tecnos.

FREIRE, Paulo,em PELUSO, Luis, 1994: *O projeto da modernidade no Brasil*. Campinas: Papirus.

GHIRALDELLI Jr. Paulo, 2001: *Neopragmatismo, Escola de Frankfurt e Marxismo*. Rio de Janeiro: DP&A.

GRISPIGNI, Filippo e MEZGER, Edmund, 2009: *La reforma penal nacional-socialista*. Coleção El penalismo olvidado, coordenada pelo jurista argentino Eugenio Raúl Zaffaroni. Buenos Aires: Ediar.

HASSEMER, Winfried, 1995: *História das ideias penais na Alemanha do pós-Guerra*. Faculdade de Direito de Lisboa.

HOBSBAWN, Eric e RANGER, Terence, 2008: *A invenção das tradições*. 6. ed. Rio de Janeiro: Paz e Terra.

HOCHE, Alfred e BINDING, Karl, 2009: *La licencia para la aniquilacion de la vida sin valor de vida*. Coleção El penalismo olvidado, coordenada pelo jurista argentino Eugenio Raúl Zaffaroni. Buenos Aires: Ediar.

IBAÑEZ, Perfecto Andrés, 2006: *Valoração da prova e sentença penal*. Rio de Janeiro: Lumen Juris.

KAGAN, Robert, 2003: *Adversarial legalism: the American way of law*. Harvard.

KIRCHHEIMER, Otto e NEUMANN, Franz L., 1996: *The rule of law under siege*. Berkeley: University of California Press.

KUHN, Thomas, 1989: «A tensão essencial: tradição e inovação na investigação científica», *A tensão essencial*. Lisboa: Edições 70.

LANGBEIN, John; LERNER, Renée e SMITH, Bruce, 2009: *History of the common law: the development of anglo-american legal institutions*, Aspen.

LEMGRUBER, Julita, 2008: Painel «Fora da lei, abaixo da vida», do Seminário «A Justiça que queremos», promovido pela Escola da Magistratura do Rio de Janeiro (Emerj), em 15 de agosto de 2008.

LIVIO, Mario, 2010: *Deus é matemático?* Rio de Janeiro: Record.

LOSANO, Mario, 2008: *Sistema e estrutura no Direito*. São Paulo: Martins Fontes.

MARCUSE, Herbert, 1999: «Algumas implicações sociais da tecnologia moderna», *Tecnologia, Guerra e Fascismo: coletânea de artigos de Herbert Marcuse*. São Paulo: Ed. Unesp.

MARTINS, Rui Cunha, 2007: *O método da fronteira*. Coimbra: Almedina.

MEZGER, Edmund e GRISPIGNI, Filippo, 2009: *La reforma penal nacional-socialista*. Coleção El penalismo olvidado, coordenada pelo jurista argentino Eugenio Raúl Zaffaroni. Buenos Aires: Ediar.

MONTERO AROCA, Juan, 2008: *Proceso penal y libertad*. Pamplona/Navarra: Thomson/Civitas.

MUÑOZ CONDE, Francisco, 2005: *Edmund Mezger e o direito penal de seu tempo*. Rio de Janeiro: Lumen Juris.

NEUMANN, Franz L. e KIRCHHEIMER, Otto, 1996: *The rule of law under siege*. Berkeley: University of California Press.

NICOLÁS, Juan Antonio e FRÁPOLI, Maria José (org.), 1997: *Teorias de la verdad en el siglo XX*. Madri: Tecnos.

PALLAMOLLA, Raffaella, 2009: «Justiça restaurativa: da teoria à prática», monografia vencedora do 13.º Concurso de Monografias de Ciências Criminais do IBCCrim.

PIZZI, William T., 1999: *Trials without truth*. New York: New York University Press.

POPPER, Karl, 1999: «A meta da ciência», *Conhecimento objetivo*. Belo Horizonte: Itatiaia.

PRADO, Geraldo, 2006: *Transação penal*. 2. ed. Rio de Janeiro: Lumen Juris.

____. «Oralidad y formalización de la Justicia», em *Sistemas Judiciales: una perspectiva integral sobre la administración de justicia* (CEJA, ano 4, n. 7).

____, 2010: *Em torno da jurisdição*. Rio de Janeiro: Lumen Juris.

PRIGOGINE, Ilya, 1996: *O fim das certezas: tempo, caos e as leis da natureza*. São Paulo: Editora da Universidade Estadual Paulista.

PRINS, Adolphe, 2010: *La Defensa Social y las transformaciones del derecho penal. El penalismo olvidado,* coordenada pelo jurista argentino Eugenio Raúl Zaffaroni. Buenos Aires: Ediar.

SCHÜNEMANN, Bernd, 2005: *La reforma del proceso penal*. Madrid: Dykinson.

SICA, Leonardo, 2007: *Justiça restaurativa e mediação penal: o novo modelo de justiça criminal e de gestão do crime*. Rio de Janeiro: Lumen Juris.

SILVA FRANCO, Alberto, 2011: *Crimes hediondos*. 7. ed. São Paulo: Ed. RT.

SONTAG, Susan, 2004: *Sobre fotografia*. São Paulo: Companhia das Letras.

THAMAN, Stephen C. Durham (coord.), 2010: *World Plea Bargainig: consensual procedures and the Avoidance of the Full Criminal Trial*. North Carolina: Carolina Academic Press.

TARUFFO, Michele, 2008: *El proceso civil adversarial en la experiencia americana*. Bogotá: Temis.

____, 2008: *La prueba*. Madrid: Marcial Pons.

____, 2002: *La prueba de los hechos*. Madrid: Trotta.

TORRE, Massimo La, 2008: *La lucha contra el derecho subjetivo: Karl Larenz y la Teoria Nacionalsocialista del derecho*. Madri: Dykinson.

WACQUANT, Loïc, 2008: *As duas faces do gueto*. São Paulo: Boitempo.

WARAT, Luiz Alberto, 2011: «O senso comum teórico dos juristas», em http://members.fortunecity.com/danilonl/luiz_alberto_warat.html, consultado cm 30 de julho de 2011.

WOLKMER, Antonio Carlos, 2008: *Introdução ao pensamento jurídico crítico*. 6. ed. São Paulo: Saraiva.

ZAFFARONI, E. Raúl, 2005: *En busca de las penas perdidas*, 4. reimpr., cap. 1. Buenos Aires: Ediar.

O MAPEAMENTO PROCESSUAL DA «VERDADE»[1]

RUI CUNHA MARTINS[2]

O modo quase obsessivo como o problema da «verdade» se tem colocado no contexto das ciências jurídicas, históricas e sociais denuncia uma carência primordial em matéria de mapeamento. Falta, na maioria dos casos, uma colocação do problema que conceda à questão da localização funcional do critério «verdade» uma importância tão determinante quanto a que por inércia crítica se tem concedido à questão da respectiva legitimidade.

É meu entendimento que o estafado problema da verdade no seio do processo penal carece, sobretudo, de um deslocamento de perspectiva. Sucede que esta não se alcança senão mediante um deslocamento prévio dos pressupostos de discussão. Enquanto o debate se mantiver dentro das mesmas regras do jogo que outrora conduziram à consagração do «verdadeiro» como eixo central do sistema processual, enquanto a argumentação utilizada para propor o deslocamento funcional da verdade partir de dentro da mesma província de significado que a argumentação utilizada para redizer a respectiva centralidade, a possibilidade de produzir uma efectiva reconsideração do problema será sempre escassa. O debate tende, nestes casos, a arrastar-se sem solução, ora reproduzindo sem novidade o maniqueísmo de base (a verdade é possível *versus* a verdade é inalcançável), ora

[1] Uma primeira versão das considerações aqui feitas pode encontrar-se em MARTINS, 2010.

[2] Professor na Universidade de Coimbra.

distraindo-se em torno de variações do mesmo (verdade real *versus* verdade processual). Roubar o problema à óptica discursiva em que ele tem estado inserido apresenta-se, deste ponto de vista, como indeclinável tarefa preliminar. Sugiro, em concreto, um deslocamento da problemática para fora dos aparelhos argumentativos do *logicismo formal*, no quadro dos quais a discussão sobre a verdade, porque ancorada em critérios de coerência, omite da reflexão aquilo que rigorosamente interessa, que é a questão do *lugar* do «verdadeiro» no âmbito de uma dinâmica processual que o reconfigura e o move a cada momento. Para isto convirá focar o debate da verdade na *tensão entre lugar e sistema*. Trata-se de conferir a devida nuclearidade à questão da *posição*.

Uma vez assumida esta perspectiva, a arquitectura do problema passa a contar com as seguintes plataformas: uma determinada noção de *processo*; uma determinada noção de *sistema processual*; uma determinada noção de *verdade enquanto elemento do sistema processual*; e uma determinada noção do modo como esse *processo-feito-sistema* elege os seus *critérios de fundamentação*. Como é visível, não se trabalhará aqui a partir de uma instalação obsessiva sobre a verdade, preferindo-se, ao invés, uma estratégia de distanciamento que obrigue o objecto a manifestar-se, impedindo-o de tomar de assalto, logo à partida, algo que importa justamente não dar por adquirido mas antes procurar aferir, ou seja, o respectivo grau de centralidade no âmbito da problemática em que ele se insere. O deslocamento de perspectiva de que atrás se falava começa aqui, nesta postura de cartesianismo temperado por parte de um inquérito pretensamente desinteressado da sua meta analítica. Compreensivelmente, à luz deste procedimento, optarei por dar por tratadas, e bem tratadas, uma série de dimensões relativas à questão da verdade, tal como desenvolvidas em estudos anteriores reportados ao tema: os desdobramentos filosófico-analíticos do verdadeiro; a evolução histórica da verdade no campo jurídico; a relação entre verdade e sistema político; a verdade «cénica» e sua ritualização judiciária; ou mesmo as análises directamente reportadas ao papel da verdade no processo penal, matéria de ampla cobertura crítica.[3] Como referi, ocupar-me-ei, pela minha parte, do *timing* de entrada em cena desse elemento que é a «verdade» – *um elemento entre vários* (atenção: não é dizer pouco) – no seio dos dispositivos processuais.

---

[3] Sampaio, 2010; Khaled Jr., 2009; Pinto, 2009; Fabri e Guéry, 2009; Figueira, 2008; Zagrebelsky, 2008; Taruffo, 2008; Carvalho, 2008a; Lopes Jr., 2007; Rosa, 2006; Streck, 2006; Ferrer Beltrán, 2005; Pintore, 2005; Gil e Martins, in Gil, 2005; Muñoz Conde, 2003; Prado, 2001; Ferrajoli, 2000; Foucault, 1994.

PROCESSO COMO DISPOSITIVO

Avanço desde já com uma versão estilizada do que pode considerar-se a minha leitura nesta matéria. Assim, entendo o *processo*, qualquer processo, como um dispositivo articulador de elementos de vária ordem, um dos quais pode ser o valor «verdade», e cujas modalidades de interacção têm tanto de regular quanto de imprevisível, respondendo basicamente por *critérios de conectividade*. É sobre esta multiplicidade que investe, em dado momento (mais exactamente: no momento em que essa dinâmica processual se constitui em processo ao serviço de algum ícone específico: processo *histórico*, processo *económico*, processo *constituinte*, processo *administrativo*, processo *civil*, processo *penal*...), uma necessidade de sistema, correspondente à vontade de impor uma estrutura dotada de sentido à dispersão constitutiva dos elementos processuais. Trata-se, neste ponto, de direccionar a conectividade e de a direccionar para um fim. Essa *vontade sistémica*, que de alguma maneira implica uma perda de espontaneidade e imprime uma marca de estabilidade ordenadora, traduz-se na eleição de determinado elemento (funcional, doutrinário ou outro) para princípio regente do todo processual, decorrendo do carácter dessa opção e do modelo por ela definido (no caso do penal: inquisitivo, acusatório, ou outro) uma redistribuição de lugares e desempenhos no quadro do dispositivo. À semelhança do que ocorre em relação aos restantes componentes processuais, também o destino da verdade e do respectivo peso e influência é traçado aqui. Pode por isso dizer-se que esta indistinção estatutária com que, de acordo com esta óptica, a verdade é tratada (ela é tão só um elemento mais), representa já uma importante deslocação face a paradigmas analíticos em que a avaliação do seu desempenho não em termos de lugar mas enquanto missão, acabava por promovê-la, de modo incontornável, enquanto portadora de uma diferença de estatuto, razão da sua pronta valorização hierárquica. Acresce, ainda, que ao assim contornar-se essa lógica de centralidade surge com mais clareza aquilo que pode ter-se por essencial nestas matérias e que, dotado seguramente de maior relevo do que a fantasmagoria do elemento «verdade», tende a ser escamoteado por ela. Refiro-me ao facto de, em sede penal, o próprio recorte sistémico assumido pelo dispositivo processual não poder limitar-se a ancorar a sua legitimidade no princípio ordenador escolhido, vendo-se obrigado a articular o modelo eleito com critérios de legitimação originariamente exteriores a si, mas tão reitores quanto o podem ser, por exemplo, os de democraticidade e constitucionalidade. Poder-se-ia dizer, em resumo, o seguinte: que o *processo-feito-sistema* impõe uma modelação a um dispositivo antes movido pela circunstancialidade impulsiva do *critério da conectividade*, mas, ao fazê-lo, fica por sua vez vinculado à necessidade da sua própria conjugação com o permanente exercício-limite do *critério da democraticidade*. Dito isto, proceda-se agora à instrução destas hipóteses.

O ELEMENTO DA CONECTIVIDADE

Processualidade significa movimento e conexão – de elementos e de tempos. Nada de mais compreensível. A noção de processo arranca da de historicidade, daí resultando uma dimensão de *trajecto* que, longe de lhe assegurar a preservação de uma eventual *estrutura processual* nele residente, o sujeita a um sem número de cruzamentos inesperados, tão depressa vertidos em oportunidade de incorporação quanto em hipótese de diferimento, mas, em qualquer dos casos, traduzindo-se numa *densidade processual* que, sendo incrementada pelos desafios colocados por cada conjuntura histórica concreta, é também, em paralelo, o produto autopoiético forjado no quadro da própria dinâmica intrínseca à condição processual. Todo o processo é em primeira instância, por definição, uma dinâmica que antecede a introdução de uma qualquer direccionalidade e que não carece dela para se mover, como se, nele, o seu movimento seja já o seu sentido. O seu primordial e constitutivo sentido.

Neste ponto, ainda o *rizoma* deleuziano tem absoluta prestabilidade. Com efeito, também os conceitos de *carácter rizomático* «procedem por variação, expansão, conquista, captura, injecção».[4] Explica Deleuze que não se trata do clássico esquema arborescente: «à diferença das árvores ou das suas raízes, o rizoma conecta um ponto qualquer com um outro ponto qualquer e cada uma das suas características não aponta necessariamente para características da mesma natureza, põe em jogo regimes de signos muito diferentes e até estados de não-signos; o rizoma não se deixa reduzir nem ao Um nem ao múltiplo, [...] ele não é feito de unidades, mas de dimensões, ou antes de direcções movediças; não tem começo nem fim, mas tem sempre um meio, pelo qual cresce e transborda; constitui multiplicidades lineares de *n* dimensões, sem sujeito nem objecto. [...] Ao oposto de uma estrutura que se define por um conjunto de pontos e de posições, de relações binárias entre esses pontos e de relações biunívocas entre essas posições, o rizoma só é feito por linhas: linhas de segmentaridade, de estratificação, mas também linhas de fuga ou de desterritorialização; [...] a multiplicidade, ao segui-las, metamorfoseia-se e muda de natureza».[5]

Bem se vê que, para um dispositivo com estas características, tudo se joga na questão da conexão. *Ligar* é já afirmar. Que dessa ligação resulte ou

---

[4] Deleuze, 2007: 44.
[5] *Idem, ibidem*, p. 43-44.

a conjunção ou a disjunção não é importante, ambas são igualmente válidas enquanto modos de produzir afirmação. A possibilidade de afirmação de um sentido dá-se pois ao nível da *conectividade*. O que, para todos os efeitos, confere o maior destaque aos *componentes* do dispositivo e às relações entre eles. Que componentes são esses que produzem a ligação? Que componentes serão expectáveis, por exemplo, para um qualquer dispositivo processual? Em termos rizomáticos, depende. Começa por depender do problema a que esse processo é suposto responder, em função do qual será convocado determinado componente, mas não forçosamente um outro. E depende ainda, aspecto da máxima importância, dos outros processos «no terreno». Porque o caso é que, não coincidindo os contornos desses vários dispositivos processuais com fronteiras rígidas e mutuamente excludentes mas antes irregulares, há todo um jogo de proximidades e de sobreposições que redesenha os referidos contornos e que, nesse movimento, permite a «passagem» e a «incorporação» de componentes provenientes de outras configurações, onde procuravam responder a desafios de outra natureza, desafios esses que agora são assim «transportados» para o interior dos dispositivos processuais para, uma vez aí, potenciarem a sua reconhecida dinâmica experiencial. Com o que a componente de heterogeneidade passa a não ser deduzida apenas de um recorte externo, de ordem inter-processual, mas prolonga-se no interior do próprio processo, ao nível, portanto, da respectiva endo-consistência. É nesta perspectiva que pode afirmar-se que, de alguma maneira, os componentes do todo são tanto singularmente irredutíveis quanto fatalmente co-pertencentes. Em rigor, se é o movimento que define o dispositivo processual, é a permanente disponibilidade do seu quadro de elementos para o plano da conectividade que, por sua vez, justifica o movimento.

É este panorama de espontaneidade orgânica, constitutivo de cada dinâmica processual, que é objecto de investimento por parte daquilo que atrás se designou por *vontade de sistema*. É o momento em que o processo passa por uma declinação dupla. Primeiro, de *processo* a *sistema processual*. E, nesse mesmo acto, a *sistema processual x* ou *y* – ora civil, ora penal etc. Um vínculo é-lhe aposto. Um vínculo, portanto, a dada referência agregadora que não pode dispensar a instalação de uma estrutura processual designativa e administrante dessa mesma vinculação e do fim a que ela se propõe. É este, por conseguinte, o momento em que quase se pode dizer que os préstimos de Deleuze podem dar-se por terminados. Quase. Na realidade, a via da sistemicidade não anula por completo o substrato rizomático que persiste. É certo que o convívio entre ambas as lógicas não é pacífico, ou não fosse o rizoma «um sistema acentrado, não hierárquico e não significante, sem General, sem memória organizada ou autómato central, unicamente definido por uma circulação de estados, [o que o posiciona] contra os sistemas centrados (mesmo policentrados) com comunicação hierárquica e ligações pré-estabelecidas»[6]. Um perfil à partida pouco coadunável com uma sistemicidade processual que tem por vocação a determinação de um princípio norteador e de uma estrutura de referencialidades congregadora do diverso e orientada para um objectivo. Mas todo o sistema processual é o produto desta simultaneidade e constrói-se sobre o efeito de tensão que dela emana.

De resto, uma versão mais pragmática pode mesmo aventar que a manutenção de uma «reserva rizomática» pode até apresentar alguma utilidade para o desígnio sistémico. Ela permitiria «empurrar» para essa zona de indistinção (na qual se consubstancia afinal, nesta nova lógica, a subsistência do múltiplo) os componentes processuais susceptíveis de ameaçar o princípio sistémico eleito. Seria esse, cada vez mais, o actual *lugar* do elemento «verdade» no seio do sistema processual penal. No pressuposto, claro está, da inspiração democrático-constitucional deste.

O VERDADEIRO COMO QUESTÃO DE «LUGAR»

Quanto à verdade e ao seu lugar (a verdade é sempre uma questão de lugar), a posição talvez mais fecunda, até em função do que vem de ser dito no ponto anterior, é a que vai para lá do clássico paradigma da *verdade como adequação*, resistindo, porém, a fazer dessa ultrapassagem uma porta aberta ao que chamarei o paradigma da *verdade exilada*, isto é, uma verdade expulsa do sistema.

Haveria bons motivos para o fazer, com certeza que sim. Recordar-se-á, de acordo com o que tem sido uma das minhas insistências de estimação ao longo de vários trabalhos,[7] que todo o dispositivo processual apresenta modalidades variadas de contaminação pela evidência e que essa evidência tende a alucinar como produtora de verdade – isto é, para todos os efeitos, como participante dos mecanismos de verdade que supostamente lhe deveriam estar vedados. Recordar-se-á, também, que a experiência histórica marcada pela adopção da busca obsessiva de uma verdade feita finalidade, ao associar-se a experiências de tipo inquisitivo, impõe um trauma mais do que compreensível em torno do peso excessivo da verdade no tecido processual penal. Pelo que a pergunta pelo destino a dar a essa mesma verdade, assim paradoxalmente contaminada, justifica-se plenamente. E é um facto que o horizonte de expulsão costuma configurar uma resposta possível. Não creio, porém, que tal seja necessário. Duvido mesmo, entrando em linha de conta com o entendimento de «sistema processual» atrás exposto, que tal seja eficaz.

---

6 Deleuze, 2007: 44.
7 Martins, 2010: 3-20.

Melhor serviço me parece assegurar, para o efeito pretendido, uma simples operação de «banalização sistémica» do valor verdade. Para um elemento tradicionalmente guindado ao estatuto de bússola da dinâmica processual, quer-me parecer que, mais do que a partir de uma erradicação (de resultado estratégico politicamente incerto, até porque os exílios são sacralizadores, e, convenha-se, de injusta justificação funcional – porque o problema basilar da verdade tem a ver com a desproporcionalidade do seu lugar canónico e não com a utilidade das competências que ela assegura), é a partir de uma definição do seu lugar em moldes pura e simplesmente profanos que pode produzir-se uma brecha de tomo no respectivo orgulho histórico.

Subjacente a esta minha leitura está a noção de uma *condição sistémico-processual* do verdadeiro. Remete-se, com esta expressão, para o carácter tomado, a partir do momento de injunção da lógica sistémica sobre dada dinâmica processual, por todos os elementos participantes desse dispositivo de processualidade (e a «verdade» é, muito simplesmente, um desses elementos), em relação aos quais pode dizer-se serem sistemicamente produzidos. É sabida a apetência ordenadora transportada por qualquer lógica de sistema; mas pode de igual modo documentar-se que esse apetite não elimina, antes é obrigado a articular-se com, a dinâmica intrínseca à própria convivência de elementos díspares e potencialmente móveis num mesmo espaço configuracional. Não lidamos, pois, com componentes isolados, tão dispersos quanto hierarquizados – imagem de resto destituída de ancoragem funcional – mas antes com um dispositivo complexo, configurador de geometrias variáveis a partir da articulação dos seus vários elementos constitutivos. Um dispositivo onde, fatalmente, a verdade emerge do «imbricamento do manancial de significantes»,[8] fatalidade que, por vocação, os sistemas processuais vulneráveis à sedução da evidência se afadigam a escamotear.

Percebe-se que semelhante leitura afunde, sem solução, o cânone da verdade como rainha do processo (por norma concretizado através da figura da verdade como adequação), desde logo porque, no âmbito de um entendimento configuracional ou sistémico da processualidade, é a própria ideia de topo hierárquico previamente atribuído a um dos componentes que não se sustenta. Mas, uma vez reconhecido este aspecto, de modo idêntico se perceberá a impossibilidade de, a partir da referida leitura, dar por exaurido, sem mais, o próprio lugar da verdade, ainda que em nome da necessidade de eliminar o mais possível do quadro processual os marcadores da evidência. Pense-se: como extirpar de um dispositivo, organicamente expresso em moldes sistémicos, um elemento que retira a sua condição funcional da interacção com os restantes e que, assim sendo, não ocupa, em concreto, um

---

[8] ROSA, 2006: 366.

lugar preciso? Como fazê-lo em relação a um componente que é continuamente produzido por, tanto quanto produz, os sistemas intersubjectivos que fundam o dispositivo?

Encarada como elemento inserido, por definição, no denso cruzamento de mecanismos, operadores, propriedades, contágios, expectativas e subsistemas em presença, a verdade poucas oportunidades terá para se insinuar a partir da sua versão de «verdade-adequação». Já, pelo contrário, na sua versão de *verdade-afinidade* (sumariamente definida como uma verdade produzida em contexto de «entreexpressão», a partir da articulação entre componentes tão distintos quanto complementares – *afins*, portanto – residentes em um mesmo ambiente sistémico),[9] o seu desempenho afigura-se exequível. É, aliás, enquanto tal, e apenas enquanto tal, que ela hoje parece surgir, por exemplo, na versão reconfigurada e, para já, anteprojectada, de CPP Brasileiro, onde não mais ela merece ser objecto de um articulado especificamente destinado a conceder-lhe a função de *telos* a ser perseguido pela dinâmica processual, ainda que tão pouco se proceda aí a uma purga que evite o natural derrame do elemento «verdade» ao longo do código, onde ele surge mencionado, de forma pontual e com o carácter nomádico que se lhe ajusta, em situações dispersas: seja entre os desígnios da prova testemunhal (art. 167, 174, 179), seja em sede de nulidades (art. 153), seja a título de referência quase rotineira ao «esclarecimento da verdade» (art. 398, XI).

A pedra de toque da questão passa, deste ponto de vista, pela forma como se traduz, na prática, a ideia atrás aduzida de uma condição sistémico-processual do verdadeiro. E esta só pode querer dizer duas coisas: que a verdade não possui, em si mesma, qualquer mais-valia intrínseca que a dê por superiormente habilitada para a função de princípio unificador do tecido processual (ainda que, algo podendo ser dito, teria mesmo de ser o contrário disso, contas feitas ao que foi o desempenho inquisitivo característico dos sistemas que acreditaram naquela superioridade); e que a verdade corresponde ao somatório de vários momentos, de vários cruzamentos funcionais e de várias plataformas intra-sistémicas, sendo justamente esses momentos, esses cruzamentos e essas plataformas, ou seja, esse processo articulado de interacção entre a verdade e os mecanismos que lhe são *afins*, aquilo que demarca o tipo de verdade em exercício e, por isso mesmo, aquilo que importa ter a possibilidade de decompor. Nesta perspectiva, o elemento «verdade» residente em qualquer dispositivo processual corresponderá, em termos da respectiva funcionalidade sistémica, àquilo que eu posso *de-compor*, àquilo que me permite reconhecer o carácter processualmente construído que subjaz

---

9 TUNHAS, 2008: 61.

ao que, em algum momento, é tido por «verdade». Um atributo funcional, portanto, por entre os outros atributos assegurados pelo sistema processual.

Sempre quc essa operação me estiver vedada, não estou já ao nível desse enquadramento funcional. Estarei, declaradamente, ao nível da evidência, à qual não convém a complexidade da decomposição e que tudo apostará numa verdade autoritária e roubada à sua co-produção intra-sistémica; e estarei, por essa mesma via, em face de uma deriva de ilegitimidade por parte de um «verdadeiro» subitamente desalinhado com o princípio regente do sistema, o qual, conforme sabemos, não pode também ele estabelecer-se de forma indiscriminada e ao arrepio dos vectores legitimantes dados pelo ambiente constitucional, do qual ele é um sub-sistema. Entretanto, a possibilidade de, ao invés, a decomposição me ser permitida significa, com muita probabilidade, que a verdade em causa aceita denunciar as condições processuais da sua instrução, que ela se oferece enquanto intersubjectividade e que, tido em conta que «o paradigma do Estado Democrático de Direito está assente na intersubjectividade»,[10] esse modo da verdade é em algum ponto compaginável com esse mesmo Estado de Direito. Será pouco? De modo algum: significa que a operatividade dessa verdade se faz depender, tal como a dos restantes componentes processuais, da respectiva capacidade para exprimir os valores democráticos e constitucionais. E, como no fundo todos sabemos, não há melhor operador de constrangimento sobre a evidência do que uma Constituição. Afinal, o problema da verdade resolve-se em sede de democraticidade. É tudo.

O CRITÉRIO DA DEMOCRATICIDADE

Os valores constitucionais são compatíveis com o Estado de Direito; os regimes da evidência são com ele incompatíveis. Entre ambos, não parece que ao sistema processual possa caber grande margem de escolha – afinal, ele é *o microcosmo democrático do Estado de Direito*. «Na verdade, o sistema processual está contido no sistema judiciário, por sua vez espécie do sistema constitucional, derivado do sistema político, implementando-se deste modo um complexo de relações sistémicas que metaforicamente pode ser desenhado como de círculos concêntricos, em que aquele de maior diâmetro envolve o menor, e assim sucessivamente, contaminando-se e dirigindo-o com os princípios adoptados na Lei Maior».[11] Vale a pena manter a reflexão ao nível da metáfora dos círculos concêntricos: «como observou Comoglio, o direito fundamental ao processo justo não se cristaliza, nem se exaure, em garantias particulares, mas, ao contrário, está fundamentado na coorde-

---

[10] Streck, 2006: 165.
[11] Prado, 2006: 70.

nação de várias garantias concorrentes. [...] Acima de tudo, as garantias em questão não apenas se somam ou justapõem, mas se articulam em relações mais complexas; na verdade, há entre elas uma interpenetração recíproca, de tal modo que umas conferem efectividade às outras e são também por estas reforçadas, dando lugar a um *sistema circular* apto a assegurar, em níveis cada vez mais elevados, a protecção do indivíduo por meio do processo».[12]

A circularidade, portanto. Não há, com efeito, lógica sistémica que a dispense. E, contudo, não há lógica sistémica que possa recusar essa reconversão do *círculo* em *linha* que se dá com a adopção de um determinado «princípio unificador». Incongruência... sistémica? Ruído sistémico, sem dúvida. Relembre-se, de acordo com a nossa exposição, que todo o sistema processual se estabelece sobre essa tensão entre uma dinâmica que move o processo ao sabor de critérios de conectividade e uma vontade de sistema que busca a eleição de um referente ordenador. Trata-se, aparentemente, de uma tensão irresolúvel; e assim é; também ela é sistemicamente produzida. É, inclusive, a manutenção em aberto dessa tensão que propriamente evita o enquistamento autoritário do sistema. Pelo que a eleição de um princípio unificador só pode considerar-se ofensiva do vigor dessa zona de tensionalidade nos casos em que ela omita, de forma manifesta, o reconhecimento da referida zona como parcela constitutiva desse todo complexo que é o sistema processual. Dessa omissão viveu, por exemplo, o sistema processual de modelo inquisitivo, o qual, obcecado com a «verdade dos factos», optava por confiar a gestão da prova a um magistrado pouco dado a subtilezas de ordem tensional.

É este o motivo pelo qual o quadro dos princípios a eleger não pode considerar-se senão parcialmente disponível – e o critério de admissibilidade não pode ser outro senão o da *democraticidade*. Em bom rigor, o sistema processual de inspiração democrático-constitucional só pode conceber um e um só «princípio unificador»: a democraticidade; tal como só pode conceber um e um só modelo sistémico: o *modelo democrático*. Dizer «democrático» é dizer o contrário de «inquisitivo», é dizer o contrário de «misto» e é dizer mais do que «acusatório». Inquisitivo, o sistema não pode legalmente ser; misto também não se vê como (porque se é misto haverá uma parte, pelo menos, que fere a legalidade); acusatório, pode ser, porque se trata de um modelo abarcável pelo arco de legitimidade. Mas só o poderá ser à condição: a de que esse modelo acusatório se demonstre capaz de protagonizar essa adequação. Mais do que acusatório, o modelo tem que ser democrático. A opção por um modelo de tipo acusatório não é senão a via escolhida para assegurar algo de mais fundamental do que ele próprio: a sua bandeira é

---

[12] Gomes Filho, 2001: 32-33.

a da democracia e ele é o modo instrumental de a garantir. Pouca virtude existirá em preservar um modelo, ainda que dito acusatório e revestido, por isso, de uma prévia pressuposição de legalidade, se ele comportar elementos susceptíveis de ferir o vínculo geral do sistema (o tal «princípio unificador»: a democraticidade), ainda quando esses elementos podem até não ser suficientes para negar, em termos técnicos, o carácter acusatório desse modelo. Não é o modelo acusatório enquanto tal que o sistema processual democrático tem que salvar, é a democraticidade que o rege.

A importância sistémica do «princípio unificador» é pois irrecusável. Tanto que «só se muda o sistema caso se mude o princípio unificador».[13] Neste sentido, o *princípio* é mais do que o *modelo*, que não é senão a sua tradução orgânica. Encarada deste prisma, a eleição para princípio de um valor tão óbvio como «democraticidade» quer dizer, nem mais nem menos, a obrigatoriedade de manter sempre em aberto uma questão a formular a todo e qualquer mecanismo, ou elemento, ou prática seja de que tipo for, desde que actuante na esfera do sistema processual, e que é a seguinte: *é este mecanismo, ou elemento, ou prática seja de que tipo for, compaginável com o cenário democrático-constitucional regente do próprio sistema em que ele se insere?* É esta a questão que verdadeiramente interessa colocar em permanência. Pode talvez dizer-se que um modelo sistémico será tanto mais admissível quanto maior número de respostas positivas àquela questão receber. Mas o que pode sobretudo estabelecer-se é que a sua admissibilidade e eficácia dependem sobretudo da sua capacidade para (i) colocar permanentemente aquela pergunta, (ii) aceitar a eliminação de mecanismos, elementos ou práticas que, ainda que pertencentes ao património do modelo adoptado, passem negativamente o exame da democraticidade, e (iii) abdicar, se for caso disso, de ser modelo. Neste caso, o «princípio unificador» lá estará, como administrador da conectividade que ele é, para lhe colher as muitas dimensões virtuosas e articulá-las com outras de distinta proveniência, colocando-as agora ao serviço desse modelo efectivamente gerente que é o da democraticidade, tal como produzido pelo patamar político-constitucional. É desse patamar que é administrado o «princípio». Só dessa sede se pode então, verdadeiramente, produzir um modelo.

Eis que desembocamos, dito isto, numa interrogação estimulada pelo entendimento sistémico da realidade processual. Tem sido dito, e bem, que «o processo penal não é apenas o instrumento de composição do litígio mas, sobretudo, um instrumento político de participação, com maior ou menor intensidade, conforme evolua o nível de democratização da sociedade, afigurando-se para tanto imprescindível a *coordenação entre direito, processo e*

---

[13] Coutinho, 2008.

democracia, o que ocorre pelo desejável caminho da Constituição».[14] E tem sido dito, bem assim, que o *marco constitucional* se oferece doutrinariamente como *limite* às derivas processuais de fundo autoritário, impondo um sistema processual que possa considerar-se ele mesmo um aparelho *limite* ao poder punitivo.[15] Ora, assim sendo, que consequências poderão advir a cada um dos implicados nestas interacções («direito», «processo» e «democracia») pela eventual ocorrência de deslocamentos doutrinários ou funcionais no âmbito de cada um deles, ou no âmbito dos conceitos por eles trabalhados («limite»), ou, sobretudo, no âmbito desse elemento de máxima referencialidade que os articula («Constituição»)? Em bom raciocínio sistémico, só pode responder-se que, fatalmente, a turbulência de um invadirá sem remissão o campo do outro. Sem margem para dúvidas, o problema da verdade desemboca num outro, do qual ela participa: o das delimitações estruturantes do direito. Se a verdade é questão de mapeamento, é porque o direito também o é.

REFERÊNCIAS BIBLIOGRÁFICAS

AGAMBEN, Giorgio, 2007: *Profanations*. New York: Zone Books.

ALEXY, Robert, 2010: *La Institucionalización de la Justicia*. Granada: Editorial Comares.

AMARAL, Augusto Jobim do, 2008: *Violência e processo penal*. Rio de Janeiro: Lumen Juris.

ANDRÉS IBAÑEZ, Perfecto, 2006: *Valoração da prova e sentença penal*. Rio de Janeiro: Lumen Juris.

BONATO, Gilson, 2003: *Devido processo legal e garantias processuais penais*. Rio de Janeiro: Lumen Juris.

BRANDÃO, Cláudio; CAVALCANTI, Francisco; e ADEODATO, João Maurício (coords.), 2009: *Princípio da legalidade. Da dogmática jurídica à teoria do direito*. Rio de Janeiro: Forense.

CARVALHO, Luís Gustavo Grandinetti Castanho de, 2000: «Quem é o juiz que aplica a pena», in Narciso Leandro Xavier Baez e Vicente Barreto (orgs.). *Direitos humanos em evolução*. Florianópolis: Unesc Editora, 2007: 286-310.

CARVALHO, Salo de, 2008a: *Antimanual de criminologia*. Rio de Janeiro: Lumen Juris.

CASARA, Rubens R. R., 2004: *Interpretação retrospectiva: sociedade brasileira e processo penal*. Rio de Janeiro: Lumen Juris.

CHOUKR, Fauzi Hassan, 2006: *Garantias constitucionais na investigação criminal*. Rio de Janeiro: Lumen Juris.

---

14 PRADO, 2006: 50.

15 ROSA, 2006; PRADO, 2006; AMARAL, 2008.

COSTA, Pietro e ZOLO, Danilo (orgs.), 2006: *O Estado de Direito. História, teoria, crítica.* São Paulo: Martins Fontes.

COUTINHO, Jacinto Nelson Miranda, 2008: «As reformas parciais do CPP e a gestão da prova: segue o princípio inquisitivo», *Boletim do Instituto Brasileiro de Ciências Criminais*, ano 16, n. 188, Julho 2008: 11-13.

DELEUZE, Gilles, 1980: *Mille Plateaux.* Paris: Éditions de Minuit.

DIAS, Jorge de Figueiredo, 1995: *Liberdade. Culpa. Direito penal.* Coimbra: Coimbra Editora.

DUARTE, Rui Pinto, 2004: «Algumas notas acerca do papel da "convicção-crença" nas convicções judiciais», in Fernando Gil, Pierre Livet e João Pina Cabral (coords.). *O processo da crença.* Lisboa: Gradiva, 268-284.

FABRI, Alexandra e GUÉRY, Christian, 2009: «La Vérité dans le Procès Pénal Ou l'Air Du Catalogue», *Revue de Science Criminelle et de Droit Pénal Comparé*, Avril / Juin 2009 (n. 2), 343-358.

FAYET JÚNIOR, Ney e MAYA, André Machado (orgs.), 2009: *Ciências penais e sociedade complexa II.* Porto Alegre: Nuria Fabris.

FELDENS, Luciano, 2005: *A Constituição penal. A dupla face da proporcionalidade no controle de normas penais.* Porto Alegre: Livraria do Advogado.

FERRAJOLI, Luigi, 2000: *Derecho y razón. Teoria del garantismo penal.* 4. ed. Madrid: Trotta.

FERRER BELTRÁN, Jordi, 2005: *Prueba y verdade en el derecho.* Madrid-Barcelona: Marcial Pons.

FIGUEIRA, Luiz Eduardo, 2008: *O ritual judiciário do Tribunal do Júri.* Porto Alegre: Fabris.

FOUCAULT, Michel, 1994: *Dits et Écrits.* Paris: Gallimard, 4 vols.

FRANCO *et alii*, (2008): Alberto Silva Franco; Édson Luís Baldan; Fábio Roberto D'Ávila; Maria Thereza Rocha de Assis Moura (orgs.), *Justiça penal portuguesa e brasileira. Tendências de reforma.* São Paulo: Instituto Brasileiro de Ciências Criminais.

GAUER, Ruth (coord.), 2006: *Sistema penal e violência.* Rio de Janeiro: Lumen Juris.

GIL, Fernando, 2005: *Acentos.* Lisboa: Imprensa Nacional-Casa da Moeda.

____, 1996: *Tratado da evidência.* Lisboa: Imprensa Nacional-Casa da Moeda.

GOMES FILHO, António Magalhães, 2001: *A motivação das decisões penais.* São Paulo: Ed. Revista dos Tribunais.

HABERMAS, Jürgen, 2003: *Truth and Justification.* Cambridge: Polity Press.

KHALED JR., Salah H., 2009: *Ambição de verdade no processo penal. Desconstrução hermenêutica do mito da verdade real.* Salvador: Jus Podium.

LOPES JR., Aury, 2007: *Direito processual e sua conformidade constitucional* (vol. I). Rio de Janeiro: Lumen Juris.

LUHMANN, Niklas, 2008: *Law as a Social System*. Oxford: Oxford University Press.

LUKACS, John, 2006: *Democracy and Populism. Fear and Hatred*. New Haven and London: Yale University Press.

MALAN, Diogo Rudge, 2009: *Direito ao confronto no processo penal*. Rio de Janeiro: Lumen Juris.

MARTINS, Rui Cunha, 2010: *O ponto cego do direito. The Brazilian Lessons*. Rio de Janeiro: Lumen Juris.

____, 2010: «O Mecanismo da Convicção», in Joel Corrêa de Lima, Rubens R. R. Casara (coords.), *Temas para uma perspectiva crítica do direito: homenagem ao Professor Geraldo Prado*. Rio de Janeiro: Lumen Juris, 911-916.

____, 2009: «Estado de direito, evidência e processo: incompatibilidades electivas», in Francisco Cavalcanti, João Maurício Adeodato, Cláudio Brandão (orgs.), *Princípio da legalidade. Da dogmática jurídica à teoria do direito*. Rio de Janeiro: Forense, 539-549.

MUÑOZ CONDE, Francisco, 2003: *La búsqueda de la verdade nel proceso penal*. Buenos Aires: Hammurabi.

NIEVA FENOLL, Jorge, 2010: *La valoración de la prueba*. Madrid: Marcial Pons.

PINTO, Felipe Martins, 2009: *A verdade no processo penal: uma proposta de superação do mito da verdade real*. Belo Horizonte: UFMG.

PINTORE, Anna, 2008: *El derecho sin verdad*. Madrid: Dykinson.

PRADO, Geraldo e MALAN, Diogo (coords.), 2009: *Processo penal e democracia. Estudos em homenagem aos 20 anos da Constituição da República de 1988*. Rio de Janeiro: Lumen Juris.

PRADO, Geraldo, 2006a: *Limite às interceptações telefónicas e a jurisprudência do Superior Tribunal de Justiça*. 2. ed. Rio de Janeiro: Lumen Juris.

____, 2006b: *Transação penal*. Rio de Janeiro: Lumen Juris.

____, 2001: *Sistema acusatório. A conformidade constitucional das leis processuais penais*. 2. ed. Rio de Janeiro: Lumen Juris.

REDONDO, María Cristina (em co-autoria com José-María Sauca Cano e Perfecto Andrès Ibañez), 2009: *Estado de derecho y decisiones judiciales*. Madrid: Fundación Colóquio Jurídico Europeo.

ROSA, Alexandre Morais da, 2006: *Decisão penal. A bricolage de significantes*. Rio de Janeiro: Lumen Juris.

____ e SILVEIRA FILHO, Sílvio Lourenço da, 2008: *Para um processo penal democrático. Crítica à metástase do sistema de controle social*. Rio de Janeiro: Lumen Juris.

RUSCONI, Maximiliano, 2005: *Las fronteras del poder penal*. Buenos Aires: Editorial Ciudad Argentina.

SAMPAIO, Denis Sampaio, 2010: *A verdade no processo penal. A permanência do sistema inquisitorial através do discurso sobre a verdade real*. Rio de Janeiro: Lumen Juris.

STRECK, Lenio Luiz, 2006: *Verdade e consenso. Constituição, hermenêutica e teorias discursivas*. Rio de Janeiro: Lumen Juris.

____, 2007: *Hermenêutica jurídica e(m) crise. Uma exploração hermenêutica da construção do direito*. 7. ed., rev. e atual. Porto Alegre: Livraria do Advogado.

SUNSTEIN, Cass R., 2007: *Republic.com. 2.0*. Princeton and Oxford: Princeton University Press.

TUNHAS, Paulo, 2008: «Verdade e imaginação em *mimésis e negação*», *A razão apaixonada. Homenagem a Fernando Gil*. Lisboa: Imprensa Nacional-Casa da Moeda, 43-74.

ZAFFARONI, Eugenio Raúl; BATISTA, Nilo; ALAGIA, Alejandro; e SLOKAR, Alejandro, 2003: *Direito penal brasileiro – I*, Rio de Janeiro: Revan.

ZAGREBELSKY, Gustavo, 2008: *Contro l'etica della verità*. Milano: Laterza.

ESTADO DE DIREITO E DECISÃO JURÍDICA: AS DIMENSÕES NÃO-JURÍDICAS DO ATO DE JULGAR[1]

LUIS GUSTAVO GRANDINETTI CASTANHO DE CARVALHO[2]

SUMÁRIO: I. Introdução; II. Do mito à ideologia; III. As mitologias jurídicas; IV. A contribuição do cristianismo; V. A subjetividade ameaçada; VI. As redes de poder em tempos de pós-modernidade; VII. A introdução do sujeito: histórico e individual; VIII. O juiz entre o ator e o espectador; IX. O ato de julgar, o processo, a especificidade do processo criminal e a administração da justiça; X. Conclusão.

«Tu não devias ter ficado velho, antes de ter ficado sábio.»[3]

---

[1] Trabalho apresentado como requisito para a obtenção do título de pós-doutoramento no Instituto de História e Teoria das Ideias da Universidade de Coimbra, em dezembro de 2009.

[2] Desembargador do Tribunal de Justiça do Rio de Janeiro, pós-doutor pela Universidade de Coimbra, doutor pela UERJ, mestre pela PUC-RJ, professor do Programa de Pós-Graduação em Direito da Universidade Gama Filho (RJ) e do Núcleo de Pós-Graduação da Universidade Tiradentes (SE) e Presidente da Comissão Acadêmica da Escola da Magistratura do Rio de Janeiro.

[3] SHAKESPEARE, William, *Rei Lear*. No original: *Fool – Thou shouldst not have been old till thou hadst been wise.* Shakespeare, Complete Work, Londres: Collector's Library Editions, 2008: 520. No drama, o Rei Lear, da Bretanha, vaidoso e destituído de razão, decide fazer em vida a partilha de seu reino entre as três filhas. Mas para estabelecer o quinhão de cada uma, promove uma reunião para ouvir delas a gratidão que cada uma lhe demonstra. Enquanto duas elogiam o rei, a terceira, Cordélia, discorre sobre o absurdo daquela reunião e o desvario do pai, sendo expulsa do reino, sem qualquer dote. O reino começa a ruir com as brigas e

I. INTRODUÇÃO

O objetivo deste trabalho é estudar algumas dimensões do julgar, isto é, alguns fatores que influenciam, ou deveriam influenciar, o processo decisório. Dimensão, aqui, está sendo usado nesse sentido: a medida da extensão. Ou os possíveis componentes do ato decisório.

Não se cuidará de todos os componentes; nem se cogitará em catalogá-los. Como se perceberá adiante, far-se-á uma crítica ao método analítico, cientificista, da modernidade. Não se poderia fazê-lo se se pretendesse catalogar, classificar, categorizar dimensões. A proposta é outra: simplesmente discorrer sobre alguns aspectos marginais para demonstrar um certo estado de alienação a que foi submetido o universo jurídico, resultado de outros processos de alienação, engendrados, por séculos e séculos, pelo projeto de modernidade, que moldou as sociedades ocidentais e culminou no sistema de mercado capitalista globalizado da pós-modernidade. A ideia é desalienar; revelar, trazer à tona o que está submerso.

Não se trata de um estudo sobre hermenêutica, embora se tocará no tema de passagem. A dimensão jurídica no processo decisório é um dado inquestionável que não precisa ser demonstrado. O modo de lidar com esta dimensão, contudo, será objeto de atenção neste texto.

É impossível penetrar nos escaninhos do cérebro humano para demonstrar tal ou qual aspecto assume preponderância no ato decisório. O cérebro conta com cerca de 10 a 12 bilhões de células nervosas e é a mais complexa estrutura física conhecida. Boa parte delas situa-se no córtex cerebral, a camada de cerca de dois milímetros que envolve o cérebro e que representa o mais evoluído sistema nervoso de um ser vivo. Ele se divide em dois hemisférios, ligados por um feixe de fibras nervosas conhecido como corpo caloso. As pesquisas revelam que cada hemisfério tem preponderância em determinadas funções. O esquerdo controla a fala e o lado direito do corpo; o direito controla o lado esquerdo do corpo e maneja muito bem a percepção emocional. As visões de cada metade direita dos dois olhos são processadas pelo hemisfério esquerdo, enquanto que cada metade esquerda dos dois olhos projetam imagens para o lado direito processar.[4] Mas o cérebro dá conta de reunir todas as informações cruzadas. Há separação e certa preponderância de funções entre os dois hemisférios, mas há comunicação entre eles. Quando se perde a comunicação entre eles, há deficiência em algumas das funções.

---

intrigas, Lear deixa o reino, perde tudo e só assim recupera a lucidez, indo ao encontro da filha Cordélia, arrependido. Ambos acabam mortos.

[4] LINDZEY, Gardner; HALL, Calvin S.; THOMPSON, Richard F., *Psicologia*, Rio de Janeiro: Guanabara Koogan, 1977: 50-59.

É inegável que o cérebro cruza informações para bem funcionar. Para pensar, une-se a memória (passado) à percepção (presente) para projetar o futuro. O pensamento constitui a busca de algo que a pessoa queira ou necessite e expressa imensa vontade de criar. Normalmente, a consciência está envolvida no ato de pensar e de julgar, mas, como julgamos inúmeras questões ao longo do dia, muitas vezes, a consciência não está presente em todos os momentos. A consciência não é sempre necessária para discriminar, decidir, julgar questões de menor importância. Julgamos, muitas vezes, automaticamente.[5]

O julgamento judicial não é um modo estruturalmente diferente de usar o cérebro. Do mesmo modo que os hemisférios do córtex se comunicam, que as habilidades de cada hemisfério se completam, também o processo decisório judicial é rico em comunicações e percepções, vindas da Constituição, da lei, da jurisprudência, da prova dos autos, das máximas da experiência, das influências externas de ordens variadas (políticas, econômicas, sociais) etc.

Igualmente, o processo decisório judicial pode abstrair-se, em maior ou menor medida, da consciência, quando o inconsciente se interpõe. Ou pode automatizar-se tanto que obnubile a vontade criativa que é a nota essencial do pensamento.

O que se pretende é, tão somente, trazer à tona as possibilidades de todos esses processos acontecerem também nas decisões judiciais e denunciar que o terreno em que o mundo jurídico se move não é tão seguro como nos fizeram crer por séculos.

O olhar que se pretende impor na investigação será, fundamentalmente, externo, interdisciplinar, fundado na crença de que o Direito não se basta a si próprio e que, diante da complexidade da sociedade pós-moderna, as respostas devem servir como marco para novas investigações.

Exatamente com esta proposta de indagar e de interpelar, mais do que de responder, é que o escrito foi concebido.

II. DO MITO À IDEOLOGIA

O ser humano é o ser vivo que mais modifica as condições materiais de sua existência. E o faz o mais intensamente do que qualquer outro.

Se pensarmos num cavalo num pasto, constataremos que ele permanece ali dias e dias sem, praticamente, modificar o meio circundante. A pastagem continua a ser exatamente a mesma; as árvores circundantes também perma-

---

[5] *Op. cit.*, p. 267-274.

necem como estão, não sofrendo qualquer ação por parte do cavalo; os cursos d'água que acaso existam continuam sem qualquer alteração.

Com a maioria da raça humana é diferente. Ressalvando algumas populações indígenas e que minimamente alteram as condições materiais de sua existência, o ser humano tende a modificá-las substancialmente, consciente ou inconscientemente, para atingir seus objetivos, também conscientes ou inconscientes.

E também por um outro aspecto distingue-se a raça humana dos demais animais: ao modificar as condições de sua existência, ele é o único capaz de projetar o seu futuro. A faculdade de pensar, de comunicar-se pela linguagem, de estabelecer referências temporais e antever o futuro, dá ao homem um grau de autonomia superior a todas as outras espécies.[6] Ainda que o projeto não se concretize total ou parcialmente, a aptidão para projetar o futuro, contudo, o homem a tem, mesmo que não o possa dominar. Nessa travessia rumo ao objetivo traçado ou ao futuro projetado, em que introduz modificações nas condições materiais de sua existência, as incertezas e as vicissitudes do caminho o obrigam, instintivamente, a estabelecer vínculos com o passado, como âncoras que são lançadas ao mar para não deixar a embarcação se perder. Progride-se rumo ao futuro, mas com os pés assentados na tradição do passado que importa e que é, de algum modo, significativo.

A vinculação entre o passado, o presente e o projeto de futuro é uma das justificações possíveis da mitologia.[7] O evoluir entre os três termos

---

[6] CAPRA, Fritjof, *O ponto de mutação*, São Paulo: Cultrix, 2006: 289.

[7] É recorrente certa confusão e similitude entre mito e dogma. O *Dicionário Brasileiro da Língua Portuguesa O Globo* conceitua dogma *como cada um dos pontos fundamentais e indiscutíveis de uma crença religiosa;* e mito *como tradição alegórica explicativa dum fato natural, histórico ou filosófico.* O minidicionário *Aurélio* também define dogma no mesmo sentido, acrescentando, apenas, *qualquer doutrina ou sistema,* enquanto, para mito, adota uma explicação mais longa: *relato sobre seres e acontecimentos imaginários, que fala dos primeiros tempos ou de épocas heróicas; narrativa de significação simbólica, transmitida de geração em geração dentro de determinado grupo e considerada verdadeira por ele; ideia falsa, que distorce a realidade ou não corresponde a ela...* O grande estudioso dos mitos, Claude Levi Strauss, não os conceituou, mas forneceu uma explicação: «O pensamento mitológico, que utiliza imagens tiradas da experiência, desempenha a função de um pensamento conceitual» (*Mito e significado*, tradução de António Marques Bessa, Lisboa: Edições 70, 1978). Para Hegel, «o dogmatismo não é outra coisa senão a opinião de que o verdadeiro consiste numa proposição que é um resultado fixo, ou ainda, que é imediatamente conhecida». (*Fenomenologia do espírito*, Parte I, 6. ed. Petrópolis: Vozes, 2001: 42). Daí se pode dizer que o mito envolve uma imagem pictórica, simbólica, de um acontecimento ou crença da qual se pode extrair um aprendizado, ou conceito, que deve ser transmitido de maneira ritualizada. O dogma representa uma opinião, ou crença, ou afirmação, auto-explicativa e que não admite contestação. A ideia de mito, explorada neste artigo mais do que de dogma, é usada por representar a primeira tentativa de impor, de uma maneira simbólica, determinadas crenças.

temporais, apesar de revelar diferenças marcantes de civilização para civilização, de época para época, revela, também, algumas características ou algumas preocupações que são comuns à espécie humana, porque a marcha para o futuro carece de uma ordem mínima que assegure a continuidade sem rupturas.[8]

A ordem buscada não é uma ordem absoluta, mas, apenas, uma aparência de ordem, uma ordenação provisória ou tão só projetada, uma ilusão, que é imperioso exteriorizar para que a comunidade prossiga caminhando em direção ao seu futuro. E é imperioso para manter a coesão, para evitar a separação do todo humano, ou seja, para impedir a divisão arriscada e destrutiva dos grupamentos sociais. Por isso, a ordem aspira ser absoluta, total, reveladora do universo, embora, na verdade, não o seja.

O que fazem os mitos é dar a ilusão de que, por meio deles, se pode entender e se relacionar com o universo.[9] Servem, portanto, como pensamentos conceituais que balizam os comportamentos para assegurar a continuidade do passado, do presente e do futuro. O homem, que tem em si o instinto da mutação das condições materiais de sua existência, atraca-se, também instintivamente, ao presente e ao passado como se temesse a sua própria marcha de progressão.[10] Servem, também, como instrumentos de comunicação, não só entre os homens, mas entre estes e as deidades e a natureza.[11] Mas a comunicação tem de ser intermediada por instâncias não acessíveis a todos para assegurar a equidistância e a importância do conhecimento que o totem representa: «o totem não se torna totem senão depois de ter sido distanciado».[12]

Assim, os mitos e os totens têm a função de assegurar a continuidade entre passado, presente e futuro, bem como a permanência e a coesão dos homens. Captam os interesses individuais que, para serem protegidos, carecem de assumir uma expressão coletiva em objetos definidos: «sentimentos indivi-

---

[8] LEVI-STRAUSS, Claude, *Mito e significado,* tradução de António Marques Bessa, Lisboa: Edições 70, 1978: 23-24. O autor acrescenta: «... se olharmos para todas as realizações da Humanidade, seguindo os registros disponíveis em todo o mundo, verificaremos que o denominador comum é sempre a introdução de alguma espécie de ordem» (p. 24).

[9] *Idem, ibidem,* p. 32. Também Popper relaciona os mitos à sensação de os homens estarem em mãos de poderes desconhecidos que aqueles cumprem explicar (POPPER, Karl, *El mito del marco común*, Barcelona: Paidós Surcos, 2005: 64).

[10] LEVI-STRAUSS, *op. cit.,* p. 63: «para as sociedades sem escrita e sem arquivos a mitologia tem a função de assegurar, com um alto grau de certeza – a certeza completa é obviamente impossível – que o futuro permanecerá fiel ao presente e ao passado».

[11] LEVI-STRAUSS, Claude, *Minhas palavras*, tradução de Carlos Nelson Coutinho, São Paulo: Brasiliense, 1986: 135.

[12] LEVI-STRAUSS, Claude, *O tomemismo hoje*, tradução de José Antonio Braga Fernandes Dias, Lisboa: Edições 70, sem data, p. 40.

duais de pertença, condutas coletivas ritualizadas e objeto representativo do grupo».[13] Os interesses são, assim, transmitidos, perpetuados, para não se perderem na marcha em direção ao futuro.

Contudo, os interesses perpetuados não são absolutos, mormente em sociedades mais complexas, como a moderna, pois não são e não podem ser interesses de todos diante da diversidade e complexidade da vida. Devem parecer que são interesses de todos; devem assumir a ilusão de o serem, mas não o são verdadeiramente. A continuidade do passado no presente e no futuro e a transmissão dos interesses do grupo são realizadas com um filtro que isola o que precisa parecer um universal absoluto, e também abstrato, invisibilizando outros tantos diversos interesses. Absoluto porque deve abranger ou interessar a todos; abstrato porque de difícil apreensão ou concretização para todos.

Essa ilusão do universal absoluto e abstrato é oferecida agora pela ideologia – um outro modo de estabelecer as verdades e de proteger os interesses prevalecentes. Tais quais os mitos, a ideologia procura representar a vida social e a vida individual, mas na sua relação com os outros indivíduos e em relação ao Estado e não mais em relação às deidades e à natureza.

A ideologia pode ser compreendida de maneiras diferentes. Pode ser uma ciência que estuda a formação das ideias e que as sistematiza; ou como um conjunto de ideias que impera em uma determinada época. Para o marxismo, ideologia é o processo pelo qual se transmite uma falsa concepção da história e as ideias da classe dominante como ideias de todas as classes sociais, sem que isso seja percebido pelos dominados. Sua função consiste em impedir essa revolta fazendo com que o legal apareça para os homens como legítimo.[14]

Nos dois últimos significados, a ideologia produz a mesma ilusão que os mitos, pois só cogita de parte das ideias, justamente as que tiveram a força de se impor e de se perpetuar na estrutura social, assumindo o comando da vida social e política. Empregada desse modo, a ideologia invisibiliza uma infinidade de ideias e concepções, derrotadas que foram, dando lugar ao império de universais, verdades transmitidas e perpetuadas, do passado ao futuro, como produto de um poder superior.[15]

---

[13] LEVI-STRAUSS, Claude, *O tomemismo hoje,* p. 80.

[14] MARX, Karl e ENGELS, Friedrich, *A ideologia alemã*, www. jahr.org.

[15] CHAUÍ, Marilena, *O que é ideologia*, 2. ed. rev. e ampl. São Paulo: Brasiliense. Para a autora, a ideologia é «uma das formas de praxis social: aquela que partindo da experiência imediata dos dados da vida social, constrói abstratamente um sistema de ideias ou representações sobre a realidade. Essa substituição do real pelo imaginário é a grande tarefa da ideologia».

Não se nega, porém, que possam ser úteis em alguma medida e em determinado momento histórico.[16]

Seja como for, ideologias e mitos representam algo; estão no lugar de alguma coisa cuja complexidade precisa ser simplificada em universais abstratos e absolutos, que possam guiar a trajetória humana, ligando o passado ao presente e ao futuro.

III. AS MITOLOGIAS JURÍDICAS

O Direito, na versão formalista da modernidade, está inexoravelmente infiltrado pela ideologia e assim revela sua feição mítica.[17] É abstrato, absoluto, geral, rígido e possui autoridade. Expressa-se na lei e a lei é justiça. Os mitos se sucedem: monismo jurídico, lei, legalidade, segurança, certeza, neutralidade do julgador, jurisdição como poder de dizer a lei, indiscutibilidade ou o manto sagrado da coisa julgada, verdade real, igualdade processual etc.

Nessa construção, desconsidera-se a contribuição da filosofia oriental, especialmente a chinesa, que desconfiava do mundo jurídico. Com efeito, Lao Tsé,[18] filósofo chinês do século VI a.C. e que teve grande influência na filosofia oriental, fez afirmações como: «a moralidade e o direito nasceram quando o homem deixou de viver pela alma do universo»; «a ilusão do direito é do ego... ilusão e direito geram violência» e «abundam ladrões e salteadores, quando o governo só confia em leis e decretos», denunciando, assim, a ruptura entre o mundo da lei e o mundo da vida.

Deixa-se de lado a justiça divina – não menos mitológica e problemática – para adentrar-se no iluminismo político-jurídico, dominado pela razão científica absoluta na sua versão jurídica: «o mito cobre nobremente a carência do absoluto que foi colocada em prática e preenche um vazio que poderia se tornar arriscadíssimo para a estabilidade da nova estrutura da sociedade civil».[19]

A razão científica que se associou ao Direito é influência direta da razão da física, que se espalhou por todos os campos do saber a partir do método de Descartes, fundador da filosofia moderna, e de Isaac Newton, o grande arauto

---

16 Popper, Karl, *op. cit.*, p. 43.

17 Grossi, Paolo, *Mitologias jurídicas da modernidade,* Florianópolis: Fundação Boiteaux, 2004. Afirma o autor: «Aqui nasce a mística da lei, essa pesada hipoteca da civilização jurídica moderna. Nasce o culto da lei e a teorização de uma mitologia jurídica caracterizada por um aceite acrítico, mas ideologicamente motivado» (p. 44).

18 *Tao Te Ching*, p. 60, 87-88 e 139, respectivamente (4. ed. São Paulo: Martin Claret).

19 Grossi, *op. cit.,* p. 58.

da física clássica.[20] Descartes propunha só acreditar nas coisas que podiam ser conhecidas e sobre as quais não pode haver dúvidas. O método, dito cartesiano ou analítico, consistia em decompor os problemas em suas partes e dispô-los em sua ordem lógica. O universo todo era concebido como uma máquina e submetido às leis mecânicas. Newton deu-lhe aplicação prática com suas leis do movimento, governadas pela gravidade. A possibilidade de experimentação e a certeza de obter os mesmos resultados alavancou o prestígio das ciências experimentais, subordinando as demais ciências.[21]

Especialmente os pensamentos racionais de Descartes e de Newton levaram à abordagem racional dos problemas humanos e ao iluminismo do século XVIII. Rompeu-se, assim, com a visão espiritual da Idade Média,[22] substituída pela concepção do universo, bem como do corpo humano, como uma máquina, ambos submetidos às leis mecânicas.

O pensamento racional aplicado ao Direito, contudo, precisava de um marco inicial, como era a matéria na física clássica. Esse marco inicial, conceitual, foi criado a partir de uma ficção: a vontade geral fundadora da nação.

A ilusão da vontade geral que tudo pode e que se traduz num conteúdo normativo assimila a perda da importância e da historicidade dos princípios, correndo-se o risco da produção de legislação desconectada da realidade social.

É importante recuperar como se formou essa simbologia da lei.[23] Na Idade Média, não havia um projeto onicompreensivo, totalizante, globalizante de sociedade. A lei não tinha a pretensão de controlar todos os fenômenos sociais, mas apenas a vida política. O direito nascia nas organizações comunitárias, no vínculo sanguíneo, na religião, nas corporações, no comércio e não esperava a regulamentação pública. Não era, enfim, a voz do poder.[24]

---

20 Capra, *op. cit.*, p. 49-69.

21 Lacan, Jacques, *Escritos*, Rio de Janeiro: Zahar, 1998: 285.

22 Segundo Capra, antes de 1500, a visão do mundo dominante na Europa era orgânica e assentava nas autoridades de Aristóteles e da Igreja. No século XIII, São Tomás de Aquino uniu o sistema da natureza de Aristóteles com a teologia e com a ética cristãs, estabelecendo os pilares conceituais de toda a Idade Média (*op. cit.*, p. 49).

23 Esclareça-se que a simbologia da lei, ora apresentada, está de acordo com uma visão eurocêntrica, que se admite como hegemônica nas obras de filosofia política, mas não se pode esquecer que outras tradições filosóficas e culturais floresceram nas mesmas épocas e que não são referidas pelos filósofos ocidentais. Para Dussel, Enrique, *Política de la liberación – história mundial e crítica* Madrid: Trotta, 2007), a divisão do tempo em três idades (antiga, medieval e moderna) é uma classificação ideológica e eurocêntrica. A Idade Média só pode ser considerada como uma época de trevas para a Europa, já que, em outras regiões do globo, tratou-se de uma época esplendorosa.

24 Grossi, *op. cit.*

Isso começa a mudar no século XVI com a noção de soberania de Jean Bodin: um poder absoluto que também vincula as leis civis, conquanto submetido às leis divinas e morais. Nessa concepção o poder ainda pertence à ordem das coisas e de Deus, porque foi dado ao mundo desde a criação e integra uma ordem eterna.[25] Os súditos devem jurar fidelidade à lei e ao soberano porque se a justiça é o fim da lei e a lei é a obra do Príncipe, o Príncipe é a imagem de Deus.[26] O Direito segue somente limitável pela equidade e pelo direito natural. Salvo o conceito abrangente de soberania, não há grande ruptura com a ordem medieval.

Na transição do século XVI para o XVII, mantém-se a noção de poder como atributo da ordem divina, mas sobreleva a importância do direito natural por ser produto da razão e da sociabilidade do homem, e que produz o estado e o poder (Pufendorf).[27] Sem prejuízo da origem divina, cogita-se no direito de resistência contra o soberano (Althusius).[28] Com Hobbes, fortalece-se o poder do soberano e o primado da lei, que não precisa ser boa, pois o pacto civil implica transferência de direitos e a representação de todos os poderes, limitando-se o direito de resistência ao direito à vida. O pacto envolve todos, menos o soberano, cujos atos são insindicáveis.[29]

Aproximando-se do século XVIII e no seu decorrer, mantém-se a noção de pacto como legitimador do poder, mas agora é um pacto civil, sem Deus. Locke acrescenta ao direito de resistência o direito à *property*,[30] bem como constrói o princípio da maioria,[31] com o que se reforça o primado da lei. Como a finalidade do Estado é proteger a propriedade, é preciso estabelecer

---

[25] Scattola, Merio, *El poder – para uma história de la filosofia política moderna*, org. Duso, Giuseppe, México: Siglo Veintiuno Editores, 2005.

[26] Dussel, Enrique, *Politica de la Liberación – Historia Mundial y Crítica,* Madri: Trotta, 2007: 244.

[27] Scattola, *op. cit.*

[28] Duso, Giuseppe, *op. cit.*

[29] A especificidade das relações do Estado e da Igreja, na Inglaterra de Hobbes, faz com que ele sustente um Estado cristão, mas que exerce seu poder até sobre a Igreja (no caso, a Anglicana), porque poder recebido de Deus (Dussel, *op. cit.,* p. 247).

[30] Importante acompanhar Capra na associação entre a física clássica (mecânica) e o pensamento de Locke, especialmente quanto à propriedade privada. Locke teria desenvolvido uma concepção atomista da sociedade, acreditando que as leis naturais – igualdade, liberdade e propriedade – governariam a sociedade humana. No pensamento medieval, a propriedade privada era aquela que, literalmente, privava o grupo social dos benefícios que proporcionava, em contraposição à propriedade comunal. A concepção atomista de Locke, em que preponderava o individualismo e as demais leis naturais, acabou por inverter a concepção de propriedade e o proprietário passou a ser protegido, pois não poderia ser privado da sua propriedade sem o devido processo legal (*op. cit.*, p. 64 e 197).

[31] Advirta-se, logo, que o princípio da maioria de Locke e da modernidade de então nada tem de igualitário, pois Locke foi o filósofo do poder, mas do poder burguês. Seu princípio da igualdade, sobre o qual repousava o tal princípio da maioria, era exclusivo para os homens

uma lei, um juiz imparcial e um poder suficiente que respalde a sentença contra os culpados.[32] Para melhor garantir a propriedade e a segurança das relações sociais, Hume propõe uma organização social que denomina de justiça, como derivação da necessidade da moral.[33] O pacto civil tem os pressupostos da igualdade substancial de todos e da vontade geral (Rousseau).[34] As categorias poder, soberania, lei, direito, segurança são fortalecidas. O pacto civil e o direito de resistência transformam-se em poder constituinte. Mas logo se percebe o quanto é perigoso conceder ao povo um tal poder absoluto e, assim, ao lado do poder constituinte, concebe-se o poder constituído, mediante a teoria da representação, o princípio da igualdade formal e o primado da lei (Sieyés). Provoca-se, assim, o distanciamento entre a vida pública (gerida pelos representantes, eleitos por voto censitário) e a vida privada (a cargo dos representados); entre a vontade de todos e a lei.[35]

No século XIX, consuma-se a superação do direito de resistência contra o poder e a lei, porque as leis e os princípios têm caráter universal e se encontram no interior das vontades individuais, pois os homens devem agir conforme leis universais. Não há qualquer possibilidade de rebelião (Kant).[36]

---

que fossem proprietários virtuosos, ficando excluídas as mulheres e os homens sem posses (Dussel, *op. cit.*, p. 268-281).

[32] Dussel comenta que «*su imparcialidad será intrínsecamente parcial, ya que deberá defender la propiedad de los que tienen contra los que no la tienen*» (*op. cit.*, p. 320, nota 878). Acrescenta o autor: «*La fetichización de los sistemas dominadores naturaliza las instituciones históricas (como la propiedad). El orden económico (el capitalismo naciente), entonces, queda situado en el orden natural que el Estado deberá gestionar. Se encuentra ya la tesis central del liberalismo, que intentará siempre ocultar el sistema económico* (p. 278)... *De manera que toda la estructura institucional política se organiza para defender una minoría contra la mayoría empírica: los no-propietarios*» (p. 279).

[33] Dussel conclui que, para Hume, a justiça é que faz possível, faticamente, a sociedade burguesa industrial daquele tempo (*op. cit.*, p. 326). Veja-se que o mito da segurança jurídica começa aqui, para proteger a propriedade, não só da terra, mas dos bens advindos da Revolução Industrial.

[34] Não há dúvida que Rousseau é um crítico da obra da modernidade, mas sua ideia de igualdade de todos, de vontade geral, de pacto civil, integrou a trajetória daquela etapa histórica e contribuiu para o estudo da simbologia da lei que se pretende fazer aqui. Ele dirige sua crítica à sociedade e à lei: «*Tal fue o debió ser el origen da la sociedad y de las leyes, que pusieron nuevas dificultades a los débiles y nuevas fuerzas a los ricos, destruyeron sin retorno la libertad natural, fijaron para siempre la ley de la propiedad y la desigualdad, de una pura usurpación hicieron un derecho irrevocable... sometieron a todo el género humano al trabajo, a servidumbre y a la miseria*» (*apud* Dussel, *op. cit.*, p. 348-349). O pensamento de Rousseau foi tão crítico como utópico, utopia que ele próprio reconheceu, mas sonhou que se concretizaria no futuro.

[35] Duso, Giuseppe, *op. cit.*

[36] Para Kant, «*solo la voluntad universal unida puede darse la ley*» e «*la virtud significa una fortaleza moral de la voluntad ... en cumplimiento de su deber, que es una coerción moral de su propia razón que se da la ley*» (*apud* Dussel, *op. cit.*, p. 369 e 372).

Com Kant, o raciocínio passa a ser, também, por subsunção.[37] Supera-se a contradição entre estado e indivíduo porque os dois âmbitos integram um todo orgânico (Fichte). A eticidade elimina a contradição entre estado e indivíduo, entre moralidade e satisfação individual, porque o indivíduo integra o universal e por isso não há poder fora do estado e da constituição (Hegel).[38] Para este autor, o ser como totalidade da subjetividade moderna indeterminada se apresenta como ser-aí graças ao direito. No plano ético, o Estado tem sua existência imediata na consciência do singular.[39]

Na virada do século XIX para o XX, os mecanismos do estado social pressionam o estado formal. Reivindica-se a realidade efetiva de uma instância política fora do poder, concebido este como uma forma moderna de domínio. O social não é extra-político (Marx).[40] Desvanece-se a ficção da sociedade homogênea, da vontade geral e da representação (Max Weber).[41] O poder torna-se difuso e cada vez menos identificado com os poderes, já que exercido desde fora (Max Weber). O positivismo não dá mais conta da sociedade complexa porque não considera a instância que o fez vigente e nem a faticidade (Carl Schmitt).[42]

O ápice desse divórcio entre historicidade e legislação deu-se, por ironia, com a obra de Hans Kelsen.[43] Por ironia porque, ao construir sua teoria,

---

[37] Kant assim se refere ao juízo determinante, em contraposição ao juízo reflexivo: «O juízo (determinante) é aqui em sua reflexão ao mesmo tempo determinante e seu esquematismo transcendental lhe serve ao mesmo tempo de regra, sob a qual são subsumidas intuições empíricas dadas» (*Introdução crítica ao juízo,* Coleção Os Pensadores, São Paulo: Abril Cultural, 1974: 271). A propósito, comentou Paul Ricoeur: «Toda a tradição filosófica até Kant baseava-se na definição lógica do juízo como ato predicativo (dar predicado a um sujeito). A inversão fundamental realizada por Kant consiste em substituir a ideia de atribuição (ou de predicação) pela ideia de subsunção, ou seja, por um ato pelo qual um caso é "colocado sob" uma regra» (*O justo*, 1. ed. São Paulo: Martins Fontes, vol. 1, 2008: 134).

[38] Duso, *op. cit.*

[39] Para Dussel, enquanto Kant era a expressão de uma oligarquia comercial, sem vincular-se tanto a uma filosofia burguesa, Hegel foi a expressão filosófica do capitalismo industrial, europeu, hegemônico, colonialista, que adquire, por isso, legitimidade para tornar-se o centro do mundo. Enquanto Kant apenas teve uma certa cegueira em relação aos problemas materiais ocasionados pelo capitalismo mercantil, Hegel não teve qualquer problema em admitir e conviver com a ideia de que o capitalismo produz uma grande massa de miseráveis contra a qual deve ser usado o controle policial com o fim de proteger a sociedade civil (*op. cit.*, p. 357-390).

[40] Rametta, Gaetano, *op. cit.*,, org. Duso, Giuseppe e Dussel, *op. cit.*

[41] Manfrin, Luca, *op. cit.*, org. Duso, Giuseppe.

[42] Scalone, Antonino, *op. cit.*, org. Duso, Giuseppe.

[43] *Teoria pura do direito*, 6. ed. Coimbra: Arménio Amado Ed., 1984.

ao pretender afastar o Direito de ideologias[44] e da moral,[45] acabou por pavimentar os argumentos a favor de uma interpretação puramente literal das normas jurídicas, em que as ideologias se instalaram no Direito, sem qualquer preocupação com os ideais de justiça e com a realidade social. Anestesiou-se o Direito e o seu aplicador, aferrado que ficou a um princípio de legalidade por si só justificante de qualquer decisão judicial.

O tal ato de vontade[46] na interpretação do Direito ficou alheio à concepção positivista do Direito, limitando-se, muitíssimas vezes, a jurisprudência, dita tradicional, a aplicar a lei de forma mecânica e sem levar em consideração a justiça da decisão. Não que o ato de vontade, tão só e simplesmente, se apresente como apanágio da decisão correta, pois muitas vezes não é nem correta, nem legítima. Mas serve a referência para sublinhar o mecanicismo que imperou e ainda, em certa medida, impera na jurisprudência originada no positivismo jurídico[47] e que apazigua a consciência dos julgadores que remetem, à lei, a responsabilidade por suas decisões.

---

[44] «Se por ideologia se entende, porém, não tudo o que não é a realidade natural ou sua descrição, mas uma representação não-objectiva, influenciada por juízos de valor subjectivos, que encobre, obscurece, ou desfoca o objecto de conhecimento, e se se designa por realidade, não apenas a realidade natural como objecto da ciência da natureza, mas todo o objecto do conhecimento e, portanto, também o objecto da ciência jurídica, o Direito positivo como realidade jurídica, então também uma representação do Direito positivo se tem de manter isenta de ideologia... Neste sentido a teoria pura do direito tem uma pronunciada tendência anti-ideológica... Neste sentido é uma teoria do Direito radicalmente realista, isto é, uma teoria do positivismo jurídico» (*op. cit.*, 1984: 160-161).

[45] «O direito pode ser moral – no sentido acabado de referir, isto é, justo – mas não tem necessariamente de o ser... se bem que se admita a exigência de que o Direito deve ser moral, isto é, deve ser justo.» (*Idem, ibidem*, p. 100).

[46] «Na aplicação do Direito por um órgão jurídico, a interpretação cognoscitiva... do Direito a aplicar combina-se com um acto de vontade em que o órgão aplicador do Direito efectua uma escolha entre as possibilidades reveladas através daquela mesma interpretação cognoscitiva» (*Idem, ibidem*, p. 470).

[47] Muitas são as configurações atuais do positivismo: o positivismo doutrinário político sustenta que as considerações teóricas gerais, incluindo as éticas e filosóficas, só são relevantes para a identificação do direito na medida se as próprias regras jurídicas o permitam (Hart); o positivismo sociológico sustenta que os juízos morais não são adequados para distinguir o direito de outras formas de organização política e social; o positivismo taxonômico nega que o direito contenha qualquer princípio moral; o positivismo político (Holmes e Hand) prega que os juízes não tentem completar as deliberações dos legisladores, pois os cidadãos, não os juízes, é que devem decidir sob que leis querem ser governados; o positivismo exclusivo (Joseph Raz) afirma que o direito não pode nunca depender de critérios morais; o positivismo inclusivo (Coleman) defende que os juízos morais só podem ser usados se a comunidade os estipular (cfr. DWORKIN, Ronald, *La Justicia con Toga,* Madri: Marcial Pons, 2007).

Também não valeram as advertências ainda mais remotas de Hegel[48] que, valendo-se de Montesquieu, propunha não perder-se de vista as circunstâncias históricas da legislação.

Para Chauí, a concepção positivista de ideologia tem como consequências a preponderância da teoria sobre a prática porque a primeira manda porque tem ideias e a segunda obedece porque é ignorante. A prática é mera técnica que aplica autonomamente regras e quando a ação humana contradiz regras, ela é considerada uma desordem.[49] Somente quem pode ditar as regras é quem detém o poder.

O mito de que a jurisdição é o poder de dizer a lei, de aplicar a lei no caso concreto, de dar a cada um o que é seu, de proclamar a verdade, serve para satisfazer àqueles que acham que detém poder, mas, na realidade, não o detém inteiramente, ou só o detém minimamente, condicionadamente. Michel Foucault demonstrou que, a partir do século XVIII, o poder se tornou capilar, circular e que somente funciona em cadeia.[50] Na cultura positivista, o poder de dizer a lei é um poder condicionado pelos fatores reais de poder que a constituíram e que não se encontram somente no parlamento, mas em grupos hegemônicos. Da mesma maneira que o indivíduo é efeito do poder,[51] as instituições também o são. Os fatores reais de poder criam objetos de saber, que são utilizados por suas instituições como efeitos de poder.[52]

Do mesmo modo, a produção da verdade é condicionada pelos mesmos fatores. O mesmo Foucault acentuou que «a verdade não existe fora do poder, ou sem poder».[53] A história da prova judiciária bem demonstra como a verdade era obtida e manipulada no interesse do poder, da cultura da época

---

48 *Princípios da filosofia do direito*, p. 20-21. O autor sustenta: «Grave erro seria extrair, da afirmada diferença entre o direito natural ou filosófico e o direito positivo, a conclusão de que se opõem ou contradizem... foi Montesquieu quem definiu a verdadeira visão histórica, o verdadeiro ponto de vista filosófico, que consiste em não considerar isolada e abstratamente a legislação geral e suas determinações, mas vê-las como elemento condicionado de uma totalidade e correlacionadas com as outras determinações que constituem o caráter de um povo e de uma época; nesse conjunto adquirem elas o seu verdadeiro significado e nisso encontram portanto a sua justificação».

49 *Op. cit.*, p. 30.

50 *Microfísica do poder,* 8. ed. Rio de Janeiro: Graal, 1986: 183.

51 «Efetivamente, aquilo que faz com que um corpo, gestos, discursos e desejos sejam identificados e constituídos enquanto indivíduos é um dos primeiros efeitos de poder. Ou seja, o indivíduo não é o outro no poder: é um de seus primeiros efeitos. O indivíduo é um efeito do poder e simultaneamente o seu centro de transmissão. O poder passa através do indivíduo que ele constituiu» (*Idem, ibidem*, p. 183-184).

52 *Idem, ibidem,* p. 141.

53 *Idem, ibidem*, p. 12. Conclui o autor: «A verdade é deste mundo; ela é produzida nele graças a múltiplas coerções e nele produz efeitos regulamentados de poder. Cada sociedade tem seu regime de verdade, sua política geral de verdade».

e do sistema político dominante, do que foi exemplo marcante e degradante o processo inquisitivo. Não era a verdade que se buscava, mas a satisfação do poder. Com a utilização das ordálias, ou do duelo, também não era a verdade que se pretendia encontrar, mas a conformação com o desfecho do procedimento probatório e a aceitação de um poder divino, indiscutível. Do mesmo modo, a prova tarifada ou prova legal pretendia reforçar a ideologia feudal, calcada numa sociedade estamental, desigual, e, por isso, a prova testemunhal do homem valia mais do que a da mulher, a do nobre valia mais do que a de um plebeu e a de um sacerdote valia mais do que a de um leigo. Por sua vez, o sistema de livre persuasão racional revela a mesma concepção antropocêntrica do liberalismo e sua crença no racionalismo humano.[54]

A verdade processual, que deveria ser um «somatório de vários momentos, de vários cruzamentos funcionais e de várias plataformas intrassistêmicas»[55] está sob o risco permanente de transformar-se em instrumento do tipo de verdade que o poder quer afirmar.

Assim, boa parte dos juízes formados na cultura positivista crê que detém um poder jurisdicional e se satisfaz com ele, mas, na verdade, é efeito de um outro tipo de poder que constrói verdades e mantém a alienação.

Conforme Hegel, a natureza do indivíduo é o estado de alienação.[56] E o iluminismo, que tantas luzes trouxe ao mundo, acaba, em certa medida, por contribuir para esta alienação,[57] quando supõe confiar no cientificismo e, assim, o ser «sabe muito bem julgar o substancial, mas perdeu a capacidade de compreendê-lo».[58]

O marxismo descreve a alienação a partir das relações de trabalho, em que o trabalhador não detém os meios de produção, não é ouvido acerca do uso que é dado ao seu trabalho e não se identifica de modo significativo com o processo de produção.[59] É como a força de um poder social situado fora do ser humano, um poder estranho, do qual não conhece a origem nem o fim a que se propõe, e essa força é que dirige a marcha da humanidade. O homem

---

[54] CAPPELLETTI, Mauro, *Proceso, Ideologias, Sociedad*, Buenos Aires: Ediciones Juridicas Europa-America, 1974.

[55] MARTINS, Rui Cunha, «Estado de Direito, evidência e processo: incompatibilidades electivas», in BRANDÃO, Cláudio (org.) *Princípio da legalidade: da dogmática jurídica à teoria do direito*, Rio de Janeiro: Forense, 2008: 548.

[56] *Fenomenologia do espírito*, 5. ed. Petrópolis: Vozes, 2002: 340.

[57] *Idem, ibidem*, p. 338.

[58] *Idem, ibidem*, p. 363.

[59] CAPRA, *op. cit.*, p. 222.

não se reconhece integrante deste poder, que vem de fora[60] e, assim, não se identifica com sua obra.[61]

Nessa lacuna, alienada, a ideologia faz a sua parte: fornece a crença necessária para o caminhar da humanidade num determinado sentido, comandando a ação dos homens. Exatamente como um mito. Evita a ruptura entre os termos temporais. Fornece elementos identificadores (humanidade, liberdade, igualdade etc.) para irmanar os sentimentos e consolidar uma identidade social,[62] mas invisibiliza os saberes dominados, as verdades derrotadas.[63]

IV. A CONTRIBUIÇÃO DO CRISTIANISMO

Para o estabelecimento de uma tal alienação e para o fortalecimento da simbologia da lei, muito contribuiu o Cristianismo, ou melhor, o desvirtuamento das ideias originais da religião cristã.

Originariamente, o Cristianismo foi extremamente revolucionário, representando um novo postulado ético-político, pregando o universalismo, a solidariedade e o respeito à alteridade.[64] Enrique Dussel[65] extrai todos esses predicados da parábola que Jesus Cristo criou para responder à pergunta: quem é o meu próximo? Ele conta que um homem transitava na estrada entre Jerusalém e Jericó quando foi assaltado e lesionado. Passou pela vítima um sacerdote e não o ajudou; depois, passou um sábio e fez o mesmo. Por fim, passou um samaritano (o mais depreciado na escala social) e acolheu a vítima, tratando de seus ferimentos. O que se revela pela parábola é uma

---

60 MARX, Karl e ENGELS, Friedrich, *A ideologia alemã,* www.jahr.org.

61 CHAUÍ, Marilena, *op. cit.* Afirma a autora: «quando o Sujeito não se reconhece como produtor das obras e como sujeito da história, mas toma as obras e a história como forças estranhas, exteriores, alheias a ele e que o dominam e perseguem, temos o que Hegel denomina alienação... Essa é a impossibilidade de o Sujeito histórico identificar-se com sua obra...» (p. 42).

62 *Idem, ibidem*, p. 109.

63 FOUCAULT, Michel, *op. cit.*, p. 170: «Os saberes dominados são estes blocos de saber histórico que estavam presentes e mascarados no interior dos conjuntos funcionais e sistemáticos. Por saber dominado deve-se entender uma série de saberes que tinham sido desqualificados como não competentes ou insuficientemente elaborados. Nas duas classes de saberes – dominados e eruditos – se trata na realidade do saber histórico da luta».

64 Os mesmos valores nobres podem ser encontrados no islamismo: universalidade, igualdade, fraternidade. Todos os muçulmanos têm responsabilidade para criar uma ordem social justa e moral. (GORDON, Matthew, *Religiões*, in COOGAN, Michael D. (org.). São Paulo: Publifolha, 2007). No entanto, a proposta de universalismo serve de mote para pôr fim à ignorância dos infiéis, sua conquista e submissão, e, daí, para a guerra santa (DUSSEL, *op. cit.*, p. 91-93). O judaísmo também contempla valores nobres, como a bondade, justiça, verdade e paz (EHRLICH, Carl S. *Religiões*, cit.).

65 *Op. cit.*, p. 73-75.

crítica mordaz ao sistema da época, sob o Império Romano e a religião pagã, que permitia a divisão das sociedades em classes e a marginalização social. É mais que isso: é a proposição de desconstruir a ordem estabelecida para incluir a exterioridade política (os excluídos do sistema).

Para a empreitada, era preciso desmobilizar a lei de seu caráter absoluto e interpretá-la.[66] Reconhece, Jesus, que a lei é necessária para estruturar a ordem, mas, quando a lei permite, por exemplo, matar, é necessário não cumpri-la.[67] Reinterpretando a parábola, Dussel se manifesta: «*La ley da vida cuando el orden es justo. Cuando reprime la possibilidad de lo nuevo la ley mata. Por ello, lo que se construye desde el desafio de las victimas que interpelan desde la Exterioridad, desde el orden que no es de este mundo, está más allá de la ley que mata*».[68]

Não pretendia, Jesus, exercer um poder do Estado, mas permitir a possibilidade de ação crítica dos excluídos, eliminando uma espécie de alienação que marginalizava. E assim realmente se constituiu a religião cristã e por isso foi aceita em várias partes do mundo, ao ponto de tornar-se a religião oficial do Império Romano, sob Constantino, em 324.

O que ocorreu depois, e o exame da história o faz constatar com facilidade, é que, de uma proposta rebelde em prol dos excluídos, sob a crença de um Deus único, a Igreja Católica se aliou aos impérios nacionais absolutistas, para devolver-lhes a legitimidade perdida, vinculando, assim, o poder secular à origem divina.

Para que isso tenha sido possível, foi preciso inverter a lógica cristã originária, forte na crença de um Deus bondoso, na inclusão dos excluídos, no universalismo e na solidariedade. Premida pelo islamismo, a religião cristã carecia ser mais agressiva e expansiva. Deus não podia ser bondoso sempre, podia perdoar, mas devia castigar o pecador; não podia aprovar o descumprimento da lei terrena. A partir de Santo Anselmo da Cantuária (1033-1109), apontado por Dussel como o grande artífice desta transformação, a lei passa a ser o critério último de moralidade e seu descumprimento é considerado um

---

[66] Também é assim no islamismo e no judaísmo, ambos monoteístas, como o cristianismo. No islamismo, a lei divina, trazida pelo Alcorão, deve ser interpretada pelo Califa e por um corpo de sábios que se utilizam dos ensinamentos de Maomé e de deliberações (Ijma) onde se busca o consenso interpretativo (GORDON, Matthew, *op. cit.*). Não há uma lei natural, mas somente a lei divina e a lei positiva não é outra coisa do que dedução analógica da lei divina revelada. No judaísmo, a lei é divina, vindo do Torá, revelada a Moisés, mas é sempre discutida e interpretada, consolidando-se, essas interpretações, na Mishna, sendo que as discussões ficam registradas no Talmud, inclusive as opiniões da maioria e da minoria (EHRLICH, Carl S., *Religiões*, cit.).

[67] Refere-se, Jesus, à ordem divina recebida por Abrahão consistente em sacrificar seu filho, Isaac. Abrahão interpreta a lei e substitui o sacrifício do filho pelo de um animal. Refere-se, também, a sua própria morte iminente.

[68] *Op. cit.*, p. 75.

pecado, que deve ser castigado. Aqui nasce um Deus castigador,[69] ao lado do pai dadivoso.[70] A salvação só é possível pelo cumprimento estrito da lei, todas elas: do império e da Igreja, e sob a promessa de uma vida eterna no paraíso.

Se na Antiguidade e em parte da Idade Média o imaginário da justiça se associou às forças da natureza, em momento posterior passou adquirir simbolismo religioso, impregnando-se das noções de pecado, de culpa, de impureza, que impunha exorcizar o grupo social, mediante a «desvalorização do estatuto social do acusado» que era como que «esmagado pelo cerimonial».[71]

No plano processual, a contribuição deste desvirtuamento do Cristianismo se deu com a Santa Inquisição e com o processo inquisitivo caracterizado como um procedimento em que o juiz procede de ofício à colheita da prova, acumulando as funções de julgar e de acusar, a instrução é escrita, secreta e sem direito ao contraditório, o que limitava sobremaneira a atuação da defesa. Nesse modelo, a acusação era pública, assumida pelo juiz inquisidor, que detinha, integralmente, a gestão da prova. A prática da tortura, nos réus e testemunhas, era usual.

Por isso que o processo revelava – e o processo criminal atual ainda revela – o sistema de mácula, da purgação do pecado pela culpa, como conclui Garapon.[72]

A influência desta concepção na filosofia medieval, e até os dias de hoje, foi e é espetacular, levando Dussel a comentar: «*En la filosofía medieval posterior, definitivamente influenciada por Anselmo, la moralidad del acto guardará siempre una relación transcendental o inevitable con la regla, con la norma, con la ley (ley divina, ley natural, ley positiva)*».[73]

---

[69] SANTO ANSELMO dizia que Deus é justo quando castigava os maus, pois o «*Senhor é justo em todos os caminhos*», tanto ao castigar, pois os maus merecem o castigo, como ao perdoar. Para aqueles que não crêem em Deus, a providência reserva infelicidade, pena e privação eternas (*Monológio*, Coleção Os Pensadores, São Paulo: Abril Cultural, 1973: 93-115).

[70] Nesse ponto, comenta DUSSEL: «*Cuando la víctima inocente, Jeshúa, es asesinada por el sistema que exige um "rescate" (injusto) para liberar el pueblo de la estructura de dominación, el sistema manifiesta su injusticia, es la revelación de Jeshúa que se cumple en la praxis de su morte empírica. Las maquinaciónes del sistema quedan a la luz. La ley es la normatividad del orden de dominación que se manifiesta como dominación pura. Pierde su normatividad, es pura coerción externa*» (*op. cit.*, p. 103).

[71] GARAPON, Antoine, *bem julgar – ensaio sobre o ritual judiciário*, Lisboa: Instituto Piaget, p. 110 e 113.

[72] «O processo conserva vestígios do sistema de mácula. O simbolismo actual do processo guarda a memória dessas etapas históricas cujo sentido está desactivado, mas que continuam a fomentar o conteúdo latente da justiça moderna. Esse sentido latente do processo deve suscitar uma vigilância constante por parte da democracia, de tal forma que existe a expulsão do impuro, do bode expiatório, na justiça moderna» (*op. cit.*, p. 191).

[73] DUSSEL, *op. cit.*, p. 105.

De novo a alienação: cumpram-se as leis a qualquer custo, sofra-se na Terra os piores sofrimentos com a maior resignação, porque estará assegurado o reino dos céus. A reflexão crítica está interditada, sob a pena do pecado.

V. A SUBJETIVIDADE AMEAÇADA

A alienação ameaça a subjetividade.

Se se quiser compreender por que o positivismo foi imediatamente assimilado e bem recebido pela comunidade jurídica, é preciso recorrer à psicanálise para entender a formação da própria subjetividade.

Inegavelmente foi Freud[74] quem primeiro desvendou o tema da subjetividade e, especialmente, do inconsciente. Concebeu a divisão do psíquico em três partes: o ego, o *id* e o superego ou ego ideal. O ego seria o responsável pela organização coerente dos processos mentais, representa a razão e o senso comum, sendo o produto das modificações do mundo externo, da realidade. O *id* é a parcela inconsciente do psiquismo e contém as paixões e a energia da libido; representa o mundo interno. Finalmente, a última parte corresponde ao superego ou ego ideal, que é uma gradação do ego, que representa, em última instância, a internalização da autoridade paterna, uma instância crítica, ou seja, a perpetuação dos fatores que deram origem ao indivíduo (e também à espécie), e que recebe acentuada influência dos pais, assumindo exatamente esta característica de controle do ego, de proteção e salvação do indivíduo das tensões advindas do mundo externo e interno.

Pela lição da psicanálise, pode-se dizer que o ego é um refém de várias tensões, com a tarefa árdua de mediar os imperativos do ego e do *id*. Exatamente por isso, ele não detém a palavra final, que pertence a outras instâncias. Aparenta exercer um poder de organizar o psiquismo do indivíduo, mas é subserviente ao superego, seu controlador, o fiscal de suas ações, e que lhe impõe um sentimento de culpa se não for atendido. Por isso, Freud representa o ego como um monarca constitucional.[75]

---

[74] *O ego e o id e outros trabalhos,* Edição Standard das Obras Psicológicas Completas de Sigmund Freud, vol. XIX, Rio de Janeiro: Imago, 2006.

[75] «As nossas ideias sobre o ego estão começando a clarear e os seus diversos relacionamentos ganham nitidez. Vemos agora o ego em sua força e em suas fraquezas. Está encarregado de importantes funções. Em virtude de sua relação com o sistema perceptivo, ele dá aos processos mentais uma ordem temporal e submete-os ao teste da realidade. Interpondo os processos de pensamento, assegura um adiamento das descargas motoras e controla o acesso à motilidade. Este último poder, com efeito, é mais uma questão de forma do que de fato; no assunto da ação, a posição do ego é semelhante à de um monarca constitucional, sem cuja sanção nenhuma lei pode ser aprovada, mas que hesita longo tempo antes de impor seu veto a qualquer medida apresentada pelo parlamento.» (*op. cit.*, p. 67-68).

No caldeirão do psiquismo, a consciência é turbada por esses fatores que vêm do mundo externo e do mundo interno. A subjetividade é urdida nesse caldeirão e o inconsciente e a alienação, encenam um papel fundamental.

Enfim, o que se propõe é que o positivismo jurídico ganhou força e contaminou a jurisprudência hodierna porque o mito da lei, da legalidade e outros mitos que são fornecidos pela ideologia dominante assumiram a função de superego, de controle, de fiscalização, de proteção, de modo que o aplicador da lei se sente mais seguro prestando obediência a ela, ainda que cegamente e sem considerar a justiça da decisão, do que se aventurando por caminhos desconhecidos que soam como paixões avassaladoras.

O juiz positivista é também um *monarca constitucional*, para usar a expressão de Freud: hesita no momento de contrariar a legalidade. No entanto, o poder jurisdicional, ainda que extremamente controlado pelo positivismo jurídico, crê ter de fato poder. Isso acontece porque o exercício formal do poder lhe cai bem. O poder, ainda que exercido formalmente e submetido a outras instâncias de poder, se estabelece não só pelo poder em si, mas porque atrai outros dividendos. Não é a toa que Foucault percebeu que o poder se mantém porque produz prazer, mesmo em quem se submete a ele.[76]

E, assim, o poder jurisdicional é exercido como poder, mas um poder controlado, porque integra uma rede de poder que o submete, como o ego é controlado pelo superego, de modo a ficar comprometida a subjetividade do juiz e o poder criador da jurisprudência.

Se, no processo de subsunção do fato à lei, muitas vezes, a consciência pode ceder ao automatismo de aplicar a lei, a jurisprudência dominante, a súmula dos tribunais superiores, no processo de compreensão da própria lei ou da circunstância fática um outro aspecto pode ter influência determinante: a emergência do inconsciente.

Jung também dedicou-se ao inconsciente, divergindo, em boa medida, de Freud, especialmente por não concordar em considerá-lo como depósito do que a moral imperante refuga.[77] Para Jung, o inconsciente é um processo decorrente de um fenômeno natural e nele se encontram todos os aspectos da natureza, como, por exemplo, o bem e o mal. Não se trata de um simples depósito do passado, mas de percepções – que fogem à consciência – que

---

[76] «O que faz com que o poder se mantenha e que seja aceito é simplesmente que ele não pesa só como uma força que diz não, mas que de fato ele permeia, produz coisas, induz ao prazer, produz discurso. Deve-se considerá-lo como uma rede produtiva que atravessa todo o corpo social muito mais do que uma instância negativa que tem por função reprimir» (*op. cit.*, p. 8).

[77] *O homem e seus símbolos*, 2. ed. especial, Rio de Janeiro: Nova Fronteira, 2008: 130.

também podem determinar ideias criativas e processos decisórios sem que a consciência possa se dar conta.[78]

Lacan seguiu o mesmo passo de estudar o inconsciente, ligando-o à fala e à linguagem, e afirmando sua participação nas funções da ideia e do pensamento.[79]

Ao se tomar contato com a realidade, «não se reage só com o consciente; é necessário perguntar sempre: como meu inconsciente vive essa situação».[80] A pergunta e, mais ainda, a atitude séria e honesta em busca de sua resposta é fundamental para o bom desempenho de muitas atividades, especialmente daquela dedicada a pronunciar julgamentos que possam ter reflexos graves na vida de outrem. Não se responde a esta pergunta levianamente, presunçosamente, sob pena de incorrer na advertência de Jung: «Mesmo aquele que adquire uma certa compreensão das imagens do inconsciente, acreditando porém que é suficiente ater-se a tal saber, torna-se vítima de um erro perigoso. Pois quem não sente responsabilidade ética que seus conhecimentos comportam, sucumbirá ao princípio de poder. Disso poderão resultar efeitos destruidores não só para os outros como também para a própria pessoa que sabe. As imagens do inconsciente impõem ao homem uma pesada obrigação».[81]

VI. AS REDES DE PODER EM TEMPOS DE PÓS-MODERNIDADE

Se a Idade Média subministrou a simbologia religiosa do pecado e da culpa, a Idade Moderna contribuiu com uma lógica pretensamente racional, apoiada na onipotência da lei, como já visto. Consequentemente, a simbologia da justiça teve que se afastar dos motivos religiosos e, para isso, adotou

---

[78] *Idem, ibidem;* e *Memórias, sonhos e reflexões*, 13. ed. 26. reimpr. Rio de Janeiro: Nova Fronteira, 2006. Ao explicar o inconsciente, Jung escreveu: «Tudo o que conheço, mas não penso num dado momento, tudo aquilo de que já tive consciência mas esqueci, tudo o que foi percebido por meus sentidos e meu espírito consciente não registrou, tudo o que involuntariamente e sem prestar atenção (isto é, inconscientemente), sinto, penso, relembro, desejo e faço, todo o futuro que se prepara para mim e que só mais tarde se tornará consciente, tudo isso é conteúdo do inconsciente. A esses conteúdos se acrescentam as representações ou impressões pessoais mais ou menos intencionalmente reprimidas. Chamo de inconsciente pessoal ao conjunto de todos esses conteúdos» (*Memórias...*, p. 480).

[79] *Op. cit.*, p. 260. Acrescenta o autor: «O inconsciente é a parte do discurso concreto, como transindividual, que falta à disposição do sujeito para restabelecer a continuidade de seu discurso consciente... O inconsciente é o capítulo de minha história que é marcado por um branco ou ocupado por uma mentira: é o capítulo censurado. Mas a verdade pode ser resgatada; na maioria das vezes já está escrita em outro lugar...» (p. 260).

[80] JUNG, Carl Gustav, *Memórias...*, cit., p. 160, referindo-se ao trabalho do terapeuta em relação ao seu paciente.

[81] *Memórias...*, cit., p. 221.

a venda, com o sentido simbólico de voltar-se para o interior do ser humano julgador, cortando-se qualquer possível vínculo com o mundo exterior.[82]

Não há dúvida que o projeto moderno era e é liberalizante e que sua assimilação muito convinha e convém ao instinto humano. Freud[83] já demonstrou a importância do princípio do prazer na estruturação mental do ser humano. Mas o prazer ilimitado também põe em risco a sociedade que carece de impor alguns limites. A civilização é, assim, o meio encontrado para limitar o princípio do prazer em nome do princípio da realidade.[84]

Em tempos pós-modernos, contudo, nem o processo civilizatório da modernidade está apto a cumprir adequadamente tal função limitadora. Parece que sua legitimação ética está sendo abalada pelas rápidas e profundas transformações sociais.

Anota Maria Rita Kehl[85] que estamos passando por uma crise ética que diz respeito a duas vertentes: a) a dificuldade de reconhecimento da lei universal que impõe uma renúncia ao excesso de gozo; b) a desmoralização do código que regeu a vida burguesa. Sobre a primeira vertente, diz a autora, a crise se atribui à dificuldade de reconhecimento de uma dívida simbólica: «é uma dívida com os antepassados e com a coletividade a que pertencemos, seja ela representada por um país, uma cultura, uma religião ou uma classe social»,[86] que impõe o adiamento do prazer, não mais aceitável numa economia de mercado aberto, globalizado e agressivo que sugere, a todo o momento, o consumo de bens supérfluos. Sobre a segunda vertente, esclarece a autora que a moral burguesa e seu código de conduta não são mais capazes de revelar uma ética universal, à moda kantiana, de busca do ideal do bem comum.

A crise do projeto de modernidade se atribui a uma fase de transição que tem sido denominada de pós-modernidade. Se a crise da modernidade é grave e preocupante, os prognósticos da pós-modernidade não são mais tranquilizadores. Se a regulamentação da sociedade por meio de princípios universais, de categorias universais, como lei, ordem, segurança etc. não parecem mais suficientes para legitimar o projeto social e orientar os seres

---

82 GARAPON, Antoine, *op. cit.*

83 *Mal-estar na civilização*, Edição Standard Brasileira das Obras Completas de Sigmund Freud, vol. XXI, Rio de Janeiro: Imago, 2006.

84 FREUD: «Se essa tentativa não fosse feita, os relacionamentos ficariam sujeitos à vontade arbitrária do indivíduo, o que equivale a dizer que o homem fisicamente mais forte decidiria a respeito deles no sentido de seus próprios interesses e impulsos instintivos... A vida humana em comum só se torna possível quando se reúnem uma maioria mais forte do que qualquer indivíduo isolado e que permanece unida contra todos os indivíduos isolados» (p. 101).

85 *Sobre ética e psicanálise,* 2. reimpr., Companhia das Letras, 2005.

86 *Op. cit.*, p. 14.

humanos, o momento da pós-modernidade é o da desregulamentação[87] e da fragmentação.

Para se compreender como se chegou nessa etapa pós-moderna é preciso retroceder muito brevemente para encontrar suas raízes na transição da ordem econômica medieval para a ordem econômica moderna. Nesse particular, o sistema econômico medieval não buscava o lucro, mas a satisfação das necessidades por meio da troca de produtos. Baseava-se em valores como a sacralidade do mundo natural, restrições morais contra os juros, o desencorajamento do enriquecimento, o requisito do preço justo, a ideia de que o trabalho tinha um valor para o grupo e para a alma e na concepção central de que todas as recompensas seriam dadas em outro mundo. Até o século XVI os fenômenos puramente econômicos não eram significativos e a ciência econômica só foi surgir no final da Idade Média.[88]

O sistema econômico que se desenvolveu especialmente nos séculos XVII e XVIII substituiu aqueles valores pela perseguição do lucro, pela competitividade, pelo consumismo, pela acumulação de riqueza. De passo com a revolução científica alavancada pela física clássica e com o Iluminismo, o individualismo foi alçado a valor predominante e a satisfação dos desejos irrefreáveis, mesmo de bens supérfluos, passou a constituir na fórmula da felicidade dos séculos XX (final) e XXI.[89]

O princípio da realidade e sua legitimidade para conter o princípio do prazer estão sob severa contestação. Acentuam-se, agora, os ideais a serem perseguidos: a satisfação dos desejos e o individualismo. Num mundo marcado pela globalização e sua obstinada lógica da produção e do consumo, organizado em torno de um sujeito consumidor, cujo desejo desenfreado precisa ser eternamente insatisfeito, duas políticas preocupantes têm sido implementadas, segundo Bauman: a) a de aumentar a liberdade de consumo, privatizando o uso de recursos e reduzindo toda intervenção coletiva nos negócios privados; b) a de prevenir o protesto daquelas vítimas da desregulamentação e da privatização mediante o discurso político da lei e da ordem.[90]

---

[87] Bauman, Zygmunt, *O mal-estar da pós-modernidade*, Rio de Janeiro: Zahar, 1998.

[88] Capra, *op. cit.*, p. 185-197.

[89] Capra conclui: «Ao atribuir excessiva ênfase a esses valores, nossa sociedade encorajou a busca de metas perigosas e não-éticas e institucionalizou muitos dos pecados mortais do cristianismo: a gula, o orgulho, o egoísmo e a ganância» (*ibidem*, p. 185-186).

[90] *Op. cit.*, p. 24. Acrescenta Bauman: «Mais amplo e mais profundo é o hiato entre os que desejam e os que podem satisfazer os seus desejos, ou entre os que desejam e os que foram seduzidos e passam a agir do modo como essa condição os leva a agir e os que foram seduzidos, mas se mostram impossibilitados de agir do modo como se espera agirem os seduzidos. O consumo abundante é a marca do sucesso e a estrada que conduz diretamente ao aplauso público e à fama» (p. 55).

Referida política gera três consequências nefastas: a fragilização dos controles dos estados nacionais frente aos grandes conglomerados internacionais;[91] o incremento das incriminações penais[92] e do encarceramento dos marginalizados do processo econômico; e, finalmente, o progressivo esgotamento dos recursos naturais. Nesse último particular, adverte Capra que «se mantivermos os modelos atuais de crescimento não-diferenciado, não tardaremos a exaurir as reservas de metais, alimentos, oxigênio e ozônio, que são cruciais para nossa sobrevivência».[93]

Para o mesmo autor, a pessoa que age mecanicamente segundo a lógica cartesiana mede seu padrão de vida pela quantidade de bens materiais e se torna «cada vez mais alienada de seu mundo interior e incapaz de apreciar o processo da vida».[94]

Nesse contexto sócio-político do mundo ocidental, o Direito foi construído para assegurar a permanência desses bens materiais, que assumiram posição de maior importância dentre os bens da vida. De nada adianta constatar que na natureza nada permanece, tanto que um dos quatro selos da tradição budista é o conceito de impermanência, sem o qual não se transita pelo caminho, seja da iluminação, seja, pelo menos, da felicidade terrena.[95]

---

[91] Assinala Capra que o poderio das empresas multinacionais supera o produto nacional bruto de muitos países, ameaçando sua soberania, a estabilidade monetária mundial, bem como sobrepujando a sua estrutura legal (*op. cit.*, p. 212 e 213).

[92] Sobre os efeitos da globalização no mercado de trabalho adverte Joel Birman: «Com efeito, nas novas condições de trabalho engendradas pela globalização há um excesso de trabalhadores que não podem ser absorvidos pelo sistema produtivo e que devem ser descartados pelo mercado. A construção do Estado mínimo e a privatização de empresas, em nome da rentabilidade do capital, lançam diariamente na marginalidade milhares de trabalhadores que não têm condições de se inserirem novamente no mercado de trabalho. Estes não têm para quem apelar, diante da fragilização das instâncias de mediação política» («Saberes do psíquico e criminalidade», *Criminologia e subjetividade*, Menegat, Marildo e Neri, Regina (org.), Lúmen Júris, 2005). Capra associa os altos índices de criminalidade nos EUA não só aos problemas sociais e econômicos gerados pela sociedade capitalista, mas, também, às frustrações alimentadas pela publicidade (*op. cit.*, p. 209).

[93] *Op. cit.,* p. 207. O autor cita o minucioso estudo de Hubbert, da década de 50, que demonstrou que as curvas de produção/esgotamento dos recursos naturais não-renováveis têm a forma de um sino e que não diferem das curvas que representam a ascenção e a queda das civilizações, advertindo para os riscos da exploração indiscriminada.

[94] *Op. cit.*, p. 371.

[95] Dalai, Lama, *O mundo do budismo tibetano*, Rio de Janeiro: Nova Fronteira, 2001: 65. Diz o autor: «Qualquer coisa ou evento que se produza como resultado de outros fatores não requer uma condição secundária para desintegrar-se. No momento mesmo que passa a existir, já começa o seu processo de desintegração» (*ibidem*). Os outros selos, e que integram todas as tradições budistas, são: a insatisfatoriedade dos fenômenos contaminados (no sentido de que a ignorância é que contamina as ações humanas); ausência de existência inerente (todos os fenômenos são desprovidos de existência própria e, portanto, é possível nos livrarmos do

O que se anuncia é a advertência de Simone Weil: «É chegado o momento, há muito previsto, em que o capitalismo está a ponto de ver seu desenvolvimento interrompido por limites intransponíveis. De qualquer maneira que interpretemos o fenômeno da acumulação, está claro que o capitalismo significa essencialmente expansão econômica e que a expansão econômica capitalista não está mais longe do momento em que se chocará contra os próprios limites da superfície terrestre».[96]

Se o projeto de modernidade reservava ao juiz a postura de um mero aplicador da lei, integrante de um poder nulo, sujeito processual equidistante e imparcial, indiferente em relação à situação social e econômica das partes, que dava a cada um o que já era seu, enfim, um sujeito alienado, qual será, então, a postura de um juiz pós-moderno?

Não pode subsistir qualquer dúvida de que as redes de poder que estão engendrando o mundo pós-moderno também pretendem engendrar o juiz pós-moderno, provavelmente tal qual o juiz moderno foi engendrado para proteger a propriedade e as posições burguesas, como arquitetava Locke.

Por tudo isso, é imperioso que se mergulhe profundamente nas entranhas da atividade judicial para que se resgate o sujeito criador da decisão, que possa assumir a responsabilidade histórica de co-produzi-la, juntamente com a lei, com a Constituição e com a realidade social que não pode nunca ser alheada. Trata-se, antes de tudo, de um processo de desalienação, de conscientização de como as coisas são constituídas e para que o são.

Como adverte Dworkin,[97] um bom juiz compreenderá que faz parte de seu trabalho ser autoconsciente e autocrítico.

VII. A INTRODUÇÃO DO SUJEITO: HISTÓRICO E INDIVIDUAL

Ao estudar a microfísica do poder, Foucault enunciou: «é preciso se livrar do sujeito constituinte, livrar-se do próprio sujeito, isto é, chegar a uma análise que possa dar conta da constituição do sujeito na trama histórica».[98] A sua genealogia do poder seria um empreendimento para libertar os saberes históricos da dominação e para torná-los capazes de oposição contra o discurso formal e científico.[99] Numa palavra, revelar os outros saberes – dominados –, trazê-los a lume, torná-los conscientes, incluí-los na trama

---

sofrimento, desde que tenhamos discernimento para afastar um estado mental errôneo; por fim, a verdadeira paz.

[96] *Opressão e liberdade*, São Paulo: Edusc, 2001: 11.

[97] *La Justicia con Toga*, Madri: Marcial Pons, 2007: 59.

[98] Foucault, *Op. cit.*, p. 7.

[99] *Idem. ibidem*, p. 172.

histórica em que os sujeitos são constituídos. Ao invés de invisibilizar, tornar visível.

Impõe-se, pois, uma dialética que envolva o sujeito na trama histórica, que o comprometa, para ser responsável pela produção de conhecimento, de decisões, enfim, da própria história. E para isto é preciso romper dogmas, mitos, marcos comuns,[100] ideologias, para que outros saberes e outras verdades se visibilizem, para «dizer tudo o que não está dito».[101] Já se disse que a ciência começa quando os mitos se quebram.[102]

Impõe-se investir em duas dimensões diferentes: de um lado, o processo histórico que une, imanta, produz um caldo de cultura transmitido de geração a geração e que também compõe a formação das personalidades e das instituições; de outro lado, o sujeito como individualidade, composto de um psiquismo rico e complexo e que sofre inúmeras influências na sua própria formação (apropriando-se do mundo externo para compor o mundo interno)

Hegel demonstrou a necessidade de aceitar-se um conceito dialético entre o indivíduo e o processo histórico num movimento duplo para chegar-se ao vir-a-ser do todo e em que cada momento se consuma no ulterior,[103] formando uma unidade orgânica.[104] O indivíduo percorre o passado para fazer seu conteúdo presente, pois o ser-aí passado «é propriedade já adquirida do espírito universal».[105]

Apropriando-se parcialmente das lições de Hegel, Gadamer suscita a utilidade do conceito de formação para as ciências do espírito, que designa como a «maneira especificamente humana de aperfeiçoar suas aptidões e faculdades»[106] e está intimamente ligada ao conceito de cultura. Reivindica, assim, um amplo contexto histórico porque reconhece que a história é uma

---

[100] «*Las prisiones son los marcos. Y aquellos a que nos les gustem las prisiones, se opondrán al mito del marco.*» (POPPER, Karl, *op. cit.*, p. 79).

[101] CHAUÍ, Marilena, *op. cit.*, p. 118: «é de grande importância preencher as lacunas e os silêncios do pensamento e discurso ideológicos, obrigando-os a dizer tudo o que não está dito».

[102] POPPER, Karl, *op. cit.*, p. 124.

[103] *Fenomenologia do espírito*, Parte I, 6. ed. Petrópolis: Vozes, 2001: 43.

[104] *Idem, ibidem*, p. 22.

[105] *Idem, ibidem*, p. 36. Contudo, defende, o autor, a insignificância da singularidade diante da universalidade, o que será objeto de comentário posterior: «Vivemos aliás numa época em que a universalidade do espírito está fortemente consolidada, e a singularidade, como convém, tornou-se tanto mais insignificante; em que a universalidade se aferra a toda a sua extensão e riqueza acumulada e as reivindica para si. A parte que cabe à atividade do indivíduo na obra total do espírito só pode ser mínima» (p. 62).

[106] *Verdade e método*, I, 6. ed. Petrópolis: Vozes, 2004: 45. É bom esclarecer que Gadamer não compartilha das noções de espírito absoluto e de filosofia mundial de Hegel (p. 50-51).

fonte de verdade.[107] Para bem compreendê-lo, é preciso remontar à tradição filosófica denominada de fenomenologia, cujo principal artífice foi Husserl (Alemanha, 1859-1938), passando por Heidegger (Alemanha, 1889-1976). A fenomenologia surgiu após um período de crise da filosofia, nos anos 20, para combater o cientificismo e a metafísica então imperantes, como justificação do conhecimento.[108]

De acordo com Gadamer, «a tradição tem validade sem precisar de fundamentação», porque «o que é consagrado pela tradição e pela herança histórica possui uma autoridade que se tornou anônima».[109] A tradição tem poder sobre a ação e sobre o comportamento humanos, por isso, a «compreensão deve ser pensada menos como uma ação da subjetividade e mais como um retroceder que penetra num acontecimento da tradição».[110] É ela que porta os preconceitos de um indivíduo, que, «muito mais que seus juízos, constituem a realidade histórica de seu ser».[111] Comporta pré-juízos que precisam ser examinados. Alguns pré-juízos são autênticos e outros inautênticos e para compreender um texto é preciso pôr todos os pré-juízos à prova. Isso é feito dentro do círculo hermenêutico, ou seja, o todo deve ser entendido pela parte e a parte só adquire sentido pelo todo.

Para Gadamer, porém, o círculo não é de natureza formal, pois descreve a compreensão como o jogo no qual se dá o intercâmbio entre o movimento

---

[107] *Op. cit.*, p. 54 e 60.

[108] Segundo Julian Marías (*História da Filosofia,* São Paulo: Martins Fontes, 2004), Heidegger segue na direção da fenomenologia, mas divergindo de Husserl em alguns aspectos, especialmente a sua vinculação ao esquema sujeito-objeto. Com ele, a filosofia tende a se afastar da metafísica e a se aproximar da situação concreta do ser humano. A ciência teria o modo de ser da existência humana. O existir, assim, é ontológico. É próprio do existir estar no mundo. Por isso, a compreensão do ser implica a compreensão do mundo e o sentido do ser é a temporalidade. Conclui, assim, que a primeira missão da filosofia é uma explicação do tempo como horizonte da compreensão do ser na temporalidade. Para Heidegger, a fenomenologia assume o sentido de ir às próprias coisas, contra todas as construções imaginárias, tanto que seu significado etimológico é pôr na luz, clarificar, pôr na verdade. Não existe, afirma, nenhum sujeito sem um mundo e estar no mundo significa estar com outros, coexistir. O homem, portanto, está aberto para as coisas, transcende a si próprio, aponta para as coisas com intencionalidade. A grande diferença entre a fenomenologia e a metafísica e o idealismo, como, por exemplo, de Descartes, é que o ego, deste último, prescinde do mundo, enquanto que o de Heidegger está no mundo. Heidegger estudou as bases do processo compreensivo e concluiu que a linguagem teria uma dupla estrutura: a linguagem lógica (que corresponde ao enunciado manifestativo) e a linguagem hermenêutica (que corresponde ao que trazemos conosco desde que estamos no mundo). Essa linguagem hermenêutica, que desde sempre trazemos conosco, nos é dada pela tradição, que se integra indissoluvelmente ao texto (Streck, Lenio Luiz, *Verdade e consenso*, 2. ed. Lumen Juris, 2007).

[109] *Op. cit.*, p. 372.

[110] *Op. cit.*, p. 385.

[111] *Op. cit.*, p. 368.

da tradição e o movimento do intérprete: «a antecipação de sentido, que guia a nossa compreensão de um texto, não é um ato da subjetividade, já que se determina a partir da comunhão que nos une com a tradição».[112]

Afasta-se, assim, a compreensão que seja reclusa na consciência do homem, substituída pela transcendental, pois deve estar aberta para as coisas do mundo.[113]

A psicanálise também endossa a necessária inclusão do indivíduo no todo, pois a produção de sentido dependeria da cadeia de interlocuções, que só se dá com o reconhecimento do outro.[114]

A noção de tradição não deixa, de certo modo,[115] de corresponder à de inconsciente coletivo, desenvolvida por Jung. Para Jung, o inconsciente não é formado apenas pela vivência pessoal que foi recalcada, especialmente na primeira infância, mas, também, por categorias herdadas, conteúdos herdados, ou arquétipos, que permanecem no inconsciente do ser humano, do mesmo modo como os instintos nos animais.[116] Para Lacan, a tradição é uma das possíveis fontes em que a verdade do inconsciente pode ser resgatada.[117]

Para compreender um texto, portanto, demanda-se um sujeito investido na tradição; irmanado com outros, não de um sujeito desconectado, simples autômato na aplicação mecânica da lei, ou recluso em si mesmo.

Até aqui se examinou a primeira *dimensão* antes explicitada, correspondente à introdução do sujeito *histórico*. Resta indagar se é realmente importante, também, o sujeito, como individualidade, na atividade jurisdicional.

Seja como for, qualquer que seja a resposta que o problema suscita, é preciso de pronto reconhecer que é imperioso dar conta do sujeito individual,

---

112 *Op. cit.*, p. 388.
113 Marías, Julian, *op. cit.*, p. 481.
114 Kehl, Maria Rita, *Sobre ética e psicanálise*, 2. reimpr. São Paulo: Companhia das Letras, 2005: 9.
115 *De certo modo* porque permanece uma contradição teórica: enquanto a fenomenologia de Gadamer, Heidegger e Husserl procuram se afastar do sujeito e suspender os juízos particulares para ressaltar o estudo dos fenômenos e deles extrair suas essências, a ideia de um inconsciente, coletivo ou pessoal, reintroduz o sujeito na tarefa de compreender e explicar o mundo. Não é à toa que o idealismo afirma que a realidade só pode ser explicada pelo ser (cfr. Marías, Julian, *op. cit.*, e Marrafon, Marco Aurélio, *Hermenêutica e sistema constitucional*, Florianópolis: Habitus, 2008: 146).
116 *O eu e o inconsciente*, 21. Petrópolis: Vozes, 2008.
117 *Op. cit.*, p. 260-261. As demais podem ser: as lembranças da infância, a evolução semântica e os vestígios que conservam as distorções.

no sentido de tornar os processos inconscientes mais explícitos, tanto para o julgador, como para os jurisdicionados. Esta investigação já é tardia.

Para começar a fazê-lo, cumpre contrastar uma afirmação de Hegel, que já foi objeto de um breve comentário anteriormente: «Vivemos uma época em que a universalidade do espírito está fortemente consolidada, e a singularidade, como convém, tornou-se tanto mais insignificante».[118] Não pode haver qualquer dúvida quanto à importância da universalidade, ou tradição, ou cultura, no processo de interlocução do indivíduo com o outro. Mas é criticável minimizar tanto a singularidade, os processos internos e inconscientes que moldam o sujeito, não importa que função desempenhe na sociedade.

A psicanálise surgiu justamente quando deu voz à subjetividade e, um século depois, não há condição de negá-la. A ciência de Freud veio demonstrar que é na relação com o inconsciente que se constata a diferença entre um homem de bem e um imoral;[119] que a moral burguesa que impunha valores absolutos causava danos à subjetividade[120] e que o homem pode fazer escolhas, sem ter de seguir um código de conduta peremptório.[121]

Impõe-se, ao juiz, secundar Jung e admitir que não se reage só com o consciente e que a ânsia de ajustar a premissa menor na premissa maior pode esconder, também, um impulso inconsciente. A simples reconstituição do fato passado e sua fixação nos autos já pode revelar algo de inconsciente. Em consequência disso, a sentença poderá conter significados inconscientes, alguns justos, outros injustos, que cumpre esclarecer antes da sua prolação: é preciso «desincumbirmo-nos de nossas responsabilidades intelectuais e também de nossas responsabilidades éticas»[122] porque, sem dúvida, a sentença tem *uma dimensão inconsciente.* E essa dimensão inconsciente pode surgir, segundo Lacan, recorrendo a Freud, na fala (como no discurso judicial, escrito ou oral): todo ato falho é um discurso bem sucedido e o lapso é a mordaça em torno da fala.[123] Entre o sujeito que fala e, portanto, sua sentença, e o sujeito verdadeiro que se oculta, pode existir uma grande diferença e pode ser esta diferença que orientou toda a fala, toda a sentença.[124]

---

[118] *Fenomenologia do espírito*, 6. ed. Parte I. Petrópolis: Vozes 2001: 62.
[119] KEHL, Maria Rita, *op. cit.*, p. 29-30.
[120] *Idem, ibidem*, p. 84-85.
[121] *Idem, ibidem*, p. 55.
[122] JUNG, Carl Gustav, *Memórias...*, cit., p. 217.
[123] LACAN, Jacques, *op. cit.*, p. 269.
[124] LACAN: «É sempre, portanto, na relação do eu do sujeito com o (eu) de seu discurso que vocês precisam compreender o sentido do discurso, para desalienar o sujeito» (*idem, ibidem*, p. 305).

Não é possível absolutizar o marco de que a subjetividade não conta. Melhor do que o apego a uma premissa duvidosa é a análise crítica das consequências da premissa oposta:[125] o que fazer com a subjetividade que aflora?

VIII. O JUIZ ENTRE O ATOR E O ESPECTADOR

O mesmo ideal positivista-iluminista-racionalista que moldou a simbologia da lei até os nossos dias, nas sociedades ocidentais, também moldou a simbologia da justiça e o perfil do juiz. A noção de um juiz imparcial, equidistante, desinteressado e suprapartes, foi construída ao mesmo tempo em que se construía aquela simbologia legalista.

A figura do magistrado ideal é aquela que coincide com a de um espectador privilegiado do litígio, a quem a lei incumbe decidir qual das partes tem razão.

Hanna Arendt, propondo fazer uma releitura da obra de Kant com o objetivo de fixar uma sua filosofia política, discorre sobre a diferença de condutas entre o ator e o espectador diante dos eventos históricos. Ela parte de uma pequena monografia[126] de Kant em que o autor estabelece o que é necessário para a obtenção de uma paz perpétua entre as nações. Nela, Kant, embora se assumindo um pacifista e atuante da paz, discorre sobre a utilidade da guerra por reconhecer sua grande contribuição para o progresso da humanidade.[127] Ainda, o filósofo alemão sustenta não ser legítima qualquer revolução para a derrubada de um tirano,[128] mas, uma vez tomado o poder pela força e instituído um novo regime, não é dado ao cidadão rebelar-se contra ele pela sua origem ilegítima.

---

[125] POPPER, Karl, *op. cit.*, p. 88-89.

[126] *À paz perpétua,* Porto Alegre: L&PM Editores, 2008.

[127] Sobre a guerra, Kant afirma sua utilidade para povoar a Terra e dela extrai algo muito nobre: «A própria guerra, porém, não precisa de nenhum motivo particular, mas parece estar enxertada na natureza humana e até como algo nobre, para o qual o homem é animado pelo impulso da honra, sem móbiles de interesse prático, de tal modo que a coragem guerreira é julgada ser de grande valor imediato não somente quando há guerra, mas também se julga de grande valor que haja guerra...» (KANT, Immanuel, *op. cit.*, p. 48).

[128] Questionando sobre a rebelião, o próprio Kant responde não ser este um meio justo: «Contudo, não menos injusto é, no mais alto grau, procurar pelos súditos o direito desse modo e menos ainda podem clamar por injustiça se forem reprimidos neste conflito e por isso tiverem em seguida sofrer as mais duras penas» (KANT, Immanuel, *op. cit.*, p. 79). O fundamento de Kant é que tudo na vida pública deve se pautar pelo princípio da publicidade e o este princípio é incompatível com uma rebelião.

Hanna Arendt explica que o que está por detrás dessas duas contradições é o embate entre a ação e o pensamento, entre a prática e a teoria e, enfim, entre o ator e o espectador.

Enquanto o ator toma parte no desenrolar da ação, participando ativamente de um dos lados do processo histórico e sendo, assim, parcial, o espectador, ao contrário, apenas contempla e não age, fica distante e, por isso, tem todas as condições de entender o processo histórico como um todo. Resumindo: o ator somente sabe o seu papel na peça, enquanto o espectador assiste toda a peça.

Esse distanciamento permite que o espectador aja desinteressadamente,[129] o que é a condição *sine qua non* para a imparcialidade. A imparcialidade é obtida quando se leva em consideração os pontos de vista dos demais participantes de uma dada discussão, o que possibilita a amplitude de horizontes do espectador. Segundo a autora, isso acontece quando comparamos nosso julgamento com o dos outros e quando nos colocamos no lugar dos outros utilizando a faculdade mental da imaginação, definida por Kant como a habilidade de fazer presente o que é ausente.[130] Isso acontece fazendo refletir o objeto ausente, numa operação denominada, por Kant, de reflexão. Só no curso desse processo efetivo é que se consegue abstrair as limitações pessoais que contingentemente se prendem ao pensamento e, consequentemente, livrar-se das condições privadas que inibem o exercício da mente. Somente assim é possível encontrar um significado no curso dos acontecimentos e só quem tem condições de fazê-lo é o espectador.

Arendt afirma que o que move Kant nesse raciocínio é a noção de progresso. É o próprio Kant que afirma que a garantia da paz perpétua nos é dada pela natureza, «em cujo curso mecânico transparece visivelmente a finalidade de fazer prosperar a concórdia pela discórdia dos homens, mesmo contra a sua vontade».[131]

Só ao final do processo histórico é possível, ao espectador, olhar para trás para julgá-lo com integralidade e para verificar a medida do progresso alcançado por ações parciais dos vários atores. Kant teria invertido a máxima

---

[129] Ao escrever sobre a Crítica do Julgamento, Kant disse: «É preciso não ter a mínima preocupação pela existência da coisa e, a esse respeito, ser inteiramente indiferente, para fazer papel de juiz em assuntos de gosto. Não podemos, porém, esclarecer melhor essa proposição... do que se opusermos à satisfação pura, desinteressada, aquela que está vinculada com interesse». (KANT, Immanuel, *Primeira introdução à crítica do juízo,* Coleção Os Pensadores, São Paulo: Abril Cultural, 1974: 304).

[130] «Para distinguir se algo é belo ou não, referimos a representação, não pelo entendimento ao objeto, para o conhecimento, mas pela imaginação ao sujeito e ao seu sentimento de prazer ou desprazer» (KANT, *Primeira introdução...*, p. 303).

[131] *À paz perpétua,* p. 42.

grega que pretendia extrair a verdade dos eventos particulares, para sugerir que o significado da história só se revela ao final. O exemplo mais significativo do autor é a Revolução Francesa: o que a tornou grandiosa aos olhos do mundo não foram as ações dos vários atores, mas a repercussão dela, em termos do que trazia de esperança, aos olhos dos outros, espectadores.

O mesmo raciocínio é tirado de outra passagem de Kant,[132] em que dizia que entre o artista e o espectador da obra de arte, o segundo tinha precedência, pois é nele que repercute a obra de arte. O artista não compreende a dimensão de sua obra enquanto a executa.

Arendt arremata dizendo que somente fechando os olhos, torna-se imparcial, não diretamente afetado, espectador de coisas visíveis: o poeta cego, em posição de ver com os olhos da mente. Mas isso não quer dizer alheamento, pois quando alguém julga, o faz como membro de uma comunidade.

Não obstante adotar o pensamento de Kant, Hanna Arendt, ao final, o acusa de contraditório porque a noção kantiana de dignidade do homem não é compatível com a de progresso da humanidade. A primeira demanda que o homem seja respeitado em sua individualidade, em sua especificidade, enquanto que a segunda generaliza a espécie humana, perdendo-se a particularidade que a caracteriza. Ela afirma que a noção de progresso pressupõe que a história tenha um fim, mas, na realidade o fim da história é a infinitude, de modo que não há nenhum ponto possível em que se possa ficar e olhar para trás para julgar os acontecimentos históricos, como faria o espectador.[133]

O que ela propõe é reclamar de volta a dignidade humana para, sem negar a importância da história, negar-lhe o direito de ser a suprema julgadora;[134] recuperar, assim, a dignidade do particular, sem negar o valor do geral. Propõe a reunião das máximas que conduzem o ator e o espectador na ideia de humanidade que todo o homem carrega consigo.

Ao interpretar a tantas vezes mencionada obra da autora, Ronald Beiner,[135] embora criticando o seu método de livre interpretação do pensa-

---

[132] Kant, Immanuel, *Primeira introdução à crítica do juízo*, Coleção Os Pensadores, São Paulo: Abril Cultural, 1974.

[133] Convém citar textualmente as palavras da autora: «*Progress, moreover, means that the story never has a end. The end of the story itself is in infinity. There is no point at which we might stand and still and look back with the backward glance of the historian*» (*op. cit.*, p. 77).

[134] «*...we may reclaim our human dignity, win it back, as it were, from the pseudo-divinity named History of the modern age, without denying history's importance but denying its right to be the ultimate judge*» (*op. cit.*, p. 5).

[135] «Interpretative Essay», *Lectures on Kant's Political Philosophy,* cit., p. 127.

mento kantiano, extrai e resume o seu significado mais importante: o fim da história é a infinitude e não há nenhum ponto pelo qual se possa olhar para trás como um historiador. Daí ela enumera (no livro *On Revolution*) uma série de eventos históricos frustrados, mas em que a esperança apareceu brevemente, como a Comuna de Paris de 1871, os *soviets* de 1917, a revolta dos húngaros em 1956, a revolta bavária de 1919, todos fadados ao insucesso, mas resgatados do esquecimento da história pelos espectadores – historiadores, poetas, contadores de histórias. Eventos como esses demandam o que Arendt e Kant chamam de validade exemplar.[136] Atendendo ao particular *qua* particular, como forma de um exemplo, o espectador que julga é capaz de iluminar o universal sem com isso reduzir o particular ao universal. O exemplo é capaz de dar significado universal enquanto retém sua particularidade, o que não acontece quando o particular serve meramente para indicar a tendência histórica. Somente deste modo a *humanidade humana* pode ser mantida.

Analisando o pensamento de Hanna Arendt, outros autores[137] concluem que o que ela pretende criticar é o aspecto redutivo e as contradições que caracterizam o modo de pensar moderno, baseado em conceitos universalmente válidos, passando a desconstruí-los. Para ela, o dispositivo representativo é o que permite reduzir a apenas uma minoria a capacidade de atuar politicamente, que é quem exerce o monopólio da decisão última e o uso legítimo da força, ao ponto de a autora equiparar a soberania à tirania. Nesse contexto, a faculdade de julgar surge como a última reserva em que é possível conservar um distanciamento e uma autonomia de pensamento em relação à realidade política concreta, que normalmente obstrui o espaço de ação comum e a experiência da *praxis* em seu sentido próprio. Concluem que: «*... lo que en la epoca moderna se ha impuesto como lo político parece más bien la causa, y al mismo tiempo el efecto, de un radical proceso de despolitizacion y de empobrecimiento de las facultades humanas para actuar con otros; mientras que a la inversa el pensamiento que juzga, que se dispone en un plano drásticamente sustraído al de la accion y la manifestacion frente a los demás, en su aparente ïmpoliticidad, en su rechazo a construir nuevas doctrinas y nuevas teorias que puedan servir de guia y orientacion para una pratica eficaz revela su significado eminentemente pratico-politico*».

---

[136] Kant explica a validade exemplar como uma norma ideal, um juízo de gosto subjetivo mas que, por pretender o assentimento universal, é exemplo do senso comum e, assim, representada como objetiva: «É aqui de ver que no juízo-de-gosto nada é postulado, senão uma tal voz universal... ele apenas atribui a todos essa concordância, como um caso da regra, quanto ao qual espera confirmação, não de conceitos, mas de adesão de outros. A voz universal é, pois, somente uma Ideia» (Kant, Immanuel, *Primeira introdução à crítica do juízo,* Coleção Os Pensadores, São Paulo: Abril Cultural, 1974: 313. Ver, também, p. 330-331).

[137] Duso, Giuseppe; Piccinini, Mario; Chignola, Sandro e Rametta, Gaetano, *op. cit.*, p. 359.

Conquanto se possa aplaudir a preocupação da autora com o pensamento que julga, com a atenção ao particular, sem subsumi-lo mecanicamente no geral, a sua defesa de abstrair a faculdade de julgar de influências de uma realidade política concreta, desafia a crítica de Enrique Dussel[138] dirigida a todos os filósofos de matriz helenocêntrica e eurocêntrica, por não darem a devida atenção às demais tradições filosóficas e à realidade concreta, com suas práticas históricas e reais, especialmente das classes oprimidas e que foram excluídas do projeto da modernidade.

Do mesmo modo, de nada adianta reivindicar de volta a dignidade humana se não se lhe impõe um contexto histórico bem definido, sob pena de a noção de dignidade ser confundida com a de individualismo, de atomismo, característicos da modernidade e atrativo do egoísmo e da ganância. Convém voltar ao argumento que associou a física clássica, o método científico, o positivismo jurídico, o capitalismo e seus incontáveis problemas (para resumir: o exaurimento dos recursos naturais não-renováveis) para bem explicitar que a ideia de dignidade humana no contexto atual deve contrastar com as verdades absolutas, com a alienação, com a noção de poder como dominação e, pelo contrário, deve se nortear por um contexto inter-relacional, interdependente de todos os fenômenos, integrado a uma ordem natural.

A propósito dessa reivindicação, Capra lembra que na física moderna (a física quântica[139]), é o todo que determina o comportamento das partes e, assim, o universo não pode mais ser compreendido e explicado como uma máquina, mas como «um todo dinâmico, indivisível, cujas partes estão essencialmente inter-relacionadas»[140] e seus fenômenos só podem ser interpretados como orgânicos, holísticos e ecológicos.

Se todo texto é suscetível de uma leitura ideológica, que lhe dá sentido real,[141] se se pode atribuir intenções semânticas a quem o criou,[142] a tarefa interpretativa deve ir ao encontro dessas práticas históricas e reais, recuperando o sentido ideológico do texto, para nele revelar o que está encoberto,

---

[138] *Op. cit.*, p. 464 e 453.

[139] A física moderna abalou os pilares da física clássica, apoiando-se em dois estudos de Einstein sobre a teoria da relatividade e a radiação eletromagnética, ambos de 1905. O que importa assinalar é que foi ela que realçou a insuficiência das leis mecânicas, de causa e efeito, ao demonstrar que os átomos consistem em vasta região de espaço em que partículas sub-atômicas, que não são sólidas, estáticas e passivas, se movimentam ao redor do núcleo e todas elas interagem. Não há independência em relação ao meio ambiente. Não há certeza nos movimentos, só probabilidades. Há movimento mas não existem objetos semoventes, há atividade mas não existem atores, há dança mas não há dançarinos (Capra, *op. cit.*, p. 70-92).

[140] *Op. cit.*, p. 72.

[141] Dussel, *op. cit.*, p. 455-456.

[142] Dwokin, Ronald, *La Justicia con Toga*, Madri: Marcial Pons, 2007: 147.

descobrir onde se situam social e historicamente aqueles que falam pela lei, enfim, para descortinar a quem ela está destinada a servir – revelar *o processo da vida*[143] que lhe dá sentido, rompendo com a alienação. Só assim se logrará a emancipação política do ser humano, destinatário de todas as leis, em seu processo de desenvolvimento e de dignificação da vida natural, integrante de um mundo plural, diverso e biodiverso.

Para o sucesso da empreitada, não há como interditar ao intérprete de um texto legal o acesso a convicções morais porque o Direito não é algo distinto da moral e integra a moralidade política,[144] na esteira do interpretativismo de Dworkin, que sugere que os juízes persigam um equilíbrio interpretativo entre a estrutura jurídica e os princípios gerais que justifiquem essa estrutura. Para fazê-lo, devem levantar os olhos dos casos particulares para contemplar outras áreas do direito, nelas incluindo princípios abstratos de moralidade política, pois faz parte de seus misteres submeter os dilemas morais a sua própria consciência. A tradição, sobretudo a tradição jurídica, conquanto inafastáveis do processo interpretativo, não os impede.[145]

Não podem, contudo, limitar-se a convicções morais pessoais, nem a convicções religiosas.[146] A função pública que exercem não permite que o subjetivismo do julgador suplante a tradição jurídica e se transforme em decisionismo e autoritarismo. Mas não se pode interditar aos juízes participar do debate entre convicções morais controvertidas. O juiz não deve ser um espectador, mas, como diz Dworkin, um participante teórico.[147] Não é uma máquina que aplica a lei de causa e efeito, mas um ser consciente de que tem uma *dimensão espiritual* que se relaciona com outros.[148]

---

143 Capra, *op. cit.*, p. 371.
144 Dworkin, *op. cit.*, p. 44-45, 67, 70, 149.
145 Dworkin, *op. cit.*, p. 141.
146 Sobre o assunto, Dworkin escreveu: «*Los jueces no pueden recurrir a convicciones o metas religiosas en sociedades liberales porque tales convicciones no pueden figurar en una justificación global comprensiva de la estructura jurídica de una comunidad liberal y pluralista tolerante. Esta restricción no puede, sin embargo, excluir las convicciones morales... Rawls afirma que, en cualquier caso, los jueces no pueden apelar a sus convicciones morales personales. Eso es obviamente correcto si significa que un juez no puede defender que una justificación del derecho previo es superior a otra porque resulta que él piensa eso. La biografía intelectual de un juez no es un argumento jurídico. Pero si significa que un juez en su fallo no puede otorgar ningún lugar a sus opiniones morales controvertidas porque en tal caso estaría mencionando opiniones morales que él pero no otros consideran correctas, entonces esta es una exigencia de imposible cumplimento. Em comunidades plurales complejas los jueces no pueden nunca, desde ninguna concepción de derecho, ya sea positivista o interpretativista, liberarse de sus responsabilidades institucionales sin confiar em convicciones morales controvertidas.*»
147 *Idem, ibidem*, p. 59.
148 Capra: «*A espiritualidade poderia ser definida como o modo de consciência em que nos sentimos unidos ao cosmos como um todo*» (*Sabedoria incomum*, São Paulo: Cultrix, 1988: 90).

IX. O ATO DE JULGAR, O PROCESSO, A ESPECIFICIDADE DO PROCESSO CRIMINAL E A ADMINISTRAÇÃO DA JUSTIÇA

Paul Ricouer[149] empreendeu uma espécie de fenomenologia do ato de julgar, ainda que muito breve. Ele pretendeu esmiuçar seu significado a partir do sentido usual, chegando aos seguintes significados: opinar, avaliar, considerar uma proposição verdadeira e justa, e tomar posição. Depois, descortinou duas finalidades básicas do ato, uma de curto prazo e outra de longo prazo. De curto prazo, a finalidade seria pôr fim à incerteza, enquanto que a de longo prazo seria alcançar a paz social.

A finalidade de curto prazo – pôr fim à incerteza – tem como ideia matriz a função de distinguir o que é de cada um, ou dar a cada um o que é seu, presente desde o Direito Romano até a filosofia do Direito de Kant. Pergunta, o autor citado, por que não se pode contentar com a finalidade de curto prazo e por que deve-se buscar a finalidade de longo prazo: a paz social? Inspirados em sua proposição, poderíamos, também, indagar por que o processo judicial deveria se preocupar com um objetivo que está, muitas vezes, distante das preocupações das partes, ainda que inseridas, técnica e genericamente, em suas pretensões? Por que o juiz deve se esforçar para chegar a esta segunda finalidade, que não lhe foi expressamente pedida? Talvez possamos responder que é porque a segunda finalidade é inerente ao ato de julgar, pois o processo deve ser recolocado «no plano de fundo de um fenômeno social mais considerável, inerente ao funcionamento da sociedade civil e situado na origem da discussão pública».[150]

O processo, em síntese, substitui a violência, qualquer que seja a amplitude do termo: desde o fazer justiça com as próprias mãos, até o abusar do poder político, econômico, físico, intelectual, técnico etc., com o que o sentimento de justiça não pode compactuar. Absorve, enfim, a forma desigual com que a sociedade é moldada e, ao fazê-lo, pretende amortecer tais desigualdades, igualizando, na medida do possível, os homens.

Eligio Resta[151] explica que os Estados modernos, influenciados pela doutrina do Leviatã, de Hobbes, se estruturaram a partir da lógica do inimigo,

---

[149] *Op. cit.*, p. 175-181.

[150] *Idem, ibidem*, p. 178.

[151] *Direito fraterno*, Santa Cruz do Sul: Edunisc, 2004. Afirma o autor: «Então, é àquela antropologia da primeira época moderna que é preciso voltar, para definir a moldura teórica do problema do conflito... àquela antropologia da primeira época moderna que fundava as regras sobre o pacto e que justificava as suas convenções na base do medo e da necessidade... A hipertrofia do judiciário que hoje lamentamos na regulação e decisão depende dessa história e é sempre ali que precisa escavar para compreender como é que na lógica do sistema social que se verificou esse efeito perverso da delegação ao judiciário» (*op. cit.*, p. 106, 107 e 108,

que eram todos aqueles que estavam fora das suas fronteiras. Ainda que o lema da Revolução Francesa tenha sido liberdade, igualdade e fraternidade, esta última nunca chegou a presidir, de fato, a constituição dos Estados modernos, que desconfiavam dos homens e da capacidade de eles próprios resolverem seus conflitos de maneira civilizada e pacífica.

Não importa muito como isso se operou, o fato é que o processo muitas vezes é o *locus* onde deságuam as imperfeições humanas, a eterna tendência de o homem explorar seu semelhante, ou humilhá-lo, ou externar sentimentos menos dignos, ou lograr indevida (legal, porém injusta) vantagem.

Por tudo isso, sua finalidade não pode ser somente pôr fim à incerteza, mas, sobretudo, fazer com que as partes se reconheçam como iguais integrantes da mesma sociedade. O processo e o ato de julgar têm, assim, uma *dimensão ética* que transborda o litígio, suplanta as partes e se irradia para toda a sociedade. Essa é a maneira de remeter o litígio para o espaço público que o irá resolver, pretensamente livre das paixões e minimizadas as desigualdades de toda a ordem.

Para cumprir essa dimensão ética, o processo deve ser reconhecido como possibilidade de «imbricação de histórias constitutivas».[152] As histórias constitutivas das partes remetem o intérprete-juiz à história constitutiva da sua sociedade, interligando subjetivamente partes e sociedade, bem como remete aos termos temporais: passado (tradição), presente (realidade) e futuro (a nova situação jurídica constituída pela sentença), recaindo na atualidade da vida. O espaço público de resolução assim o exige.

A grande questão – e a aparente contradição – é que o espaço público de resolução não é definitivamente imune a impenetráveis espaços privados. O público é permeável ao secreto. O homem não está, nem sozinho no mundo, nem sozinho com sua consciência. O homem é um complexo de significados. Daí que a produção humana não pode ser diferente. A obra humana chamada de Justiça é uma obra de muitos e complexos significados.[153] Se, como vimos acima, o Poder Judiciário recebe o influxo da rede de poder então imperante na sociedade, sendo efeito de poderes, até não formais, também não é constituído de homens capazes de abstraírem aspectos inconscientes.

O recurso à lei não deixa de ser uma tentativa de extirpar as deformações pessoais do julgador, submetendo-o somente à segurança da lei. Reco-

---

respectivamente). Na obra referida, o professor italiano sustenta a diminuição da delegação ao Judiciário, uma jurisdição mínima, com estabelecimento de filtros para o acesso, bem como práticas de mediação.

[152] Ricouer, Paula, *op. cit.*, p. 207.

[153] Rosa, Alexandre Morais da, *Decisão penal: a bricolage de significantes,* Rio de Janeiro: Lumen Juris, 2006.

nhece-se o bom propósito do projeto de modernidade, neste particular. No confronto entre a lei e a consciência pessoal do julgador, a primeira se revela objetiva, previsível e estável, enquanto que a segunda é imprevisível, instável, surpreendente, variável e circunstancial.[154] A primeira instaura a interdição, tem pretensão de validade universal e organiza a pluralidade humana, com o sentido que lhe deu Ricouer, de respeito mútuo que as pessoas devem umas às outras,[155] submetidas à mesma interdição. Não se pretende destituir a lei de seu pedestal de importância. Só não se pode tomar-lhe como absoluta, neutra e indiscutível.

O que se vem advertindo ao longo destas páginas é que também a lei não é produto singular, alheada da complexidade social. É, por excelência, um produto ideológico, com o qual se deve lidar ideologicamente e, não, alienadamente. Não é um mito, não é um fetiche, não é um símbolo imutável aqui deixado por algum deus.

Lidar ideologicamente com a lei impõe que se procure revelar o seu substrato criador, a ideologia que a originou, ou as ideologias que a compuseram. Importa, sempre, perguntar: a quem esta lei serve? a que propósito ela se presta? que ideologia a preside? Esse pode ser um importante antídoto contra a alienação no processo decisório.

A resposta a estas três perguntas devem, ainda, ser confrontadas com os valores da Constituição. Suas disposições abertas permitem o olhar moral do intérprete, a pôr cobro às imperfeições das leis. Mas há uma tendência perigosa em curso: a de a Constituição tornar-se, também, como a lei, hermética e com disposições mal inspiradas, como se tem feito ultimamente, com emendas constitucionais casuísticas. Absolutizar, também, qualquer disposição constitucional pode levar a substituir um mito por outro: em breve precisaremos de constituições supraestatais para controlar as nacionais; logo, de uma outra universal e, depois, frustrados, talvez tenhamos que retornar novamente à concepção de uma lei divina. Se a Constituição servia como dispositivo de fronteira para lidar com a lei, uma observação mais atenta revelará que as fronteiras não só tem autoria, como se deslocam ao comando destas autorias.[156]

A Constituição possui um componente mágico que só é possível no momento criador. Depois, ele se desfaz no ar, espargindo seus efeitos pelo tempo. Há que se ficar atento a essa mágica para tentar apreendê-la. Consiste em ser possível unir uma grande maioria em torno de alguns pontos consensuais de grande importância para instaurar um novo regime, uma nova orga-

---

[154] ROSA, Alexandre Morais da, 2006: 199.

[155] *Idem, ibidem*, p. 204-205.

[156] MARTINS, Rui Cunha, *O método da fronteira*, Coimbra: Almedina, 2008.

nização política da sociedade, o que sói acontecer nos momentos revolucionários vitoriosos.[157] Mas, se a revolução une, a vitória desune. As maiorias se rompem e os ideais revolucionários se perdem. Interpretar a Constituição é não perder o sentido dessa mágica consensual.

Daí para frente, os grupos mais fortes vão tentar fazer com a Constituição o que fizeram com a lei: cooptá-la para satisfazer seus interesses ideológicos próprios. A Constituição começará a ficar desfigurada por emendas. A supremacia constitucional, que hoje se defende com unhas e dentes, será mais um discurso ao dispor de tais grupos. E novamente aquelas três perguntas devem ser feitas: a quem a Constituição está servindo? a que propósito ela se presta? qual a sua ideologia? E uma quarta pergunta mais preocupante se acrescenta: o que fazer se a nova disposição constitucional for injusta, inadequada, desproporcional, mas plenamente constitucional sob o aspecto formal? Talvez tenhamos que voltar a discutir, com renovado vigor, a inconstitucionalidade de emendas constitucionais.[158]

O preço de um estado constitucional é a eterna vigilância de suas instituições. É preciso revelar os matizes ideológicos, seja da lei, da emenda constitucional ou da Constituição, confrontando-os, tensionando-os e valorando-os. Para tanto, é imperioso que o juiz assuma que é mesmo um agente político que deve restabelecer o fio condutor daquele momento mágico instaurador que dota de significados a sociedade e o ordenamento jurídico.

A proposta é, pois, buscar onde se encontra a alienação cômoda, a aceitação irrefletida, e destituí-las de seu assento de conforto e segurança, trazendo a lume o sujeito histórico-temporal-crítico do agente político.

A tarefa não é fácil, pois o ato de julgar não pode ser esquadrinhado como uma máquina. Há um outro aspecto do processo decisório, que se entrincheira imperceptivelmente, e que não pode ser negado: há um itinerário psicológico na formação dos vereditos e que não pode ser controlado. Em nenhuma das etapas daquela fenomenologia do ato de julgar, de Ricouer,

---

[157] Tem-se em mente o constitucionalismo revolucionário, inaugurado pela França, e, não o modelo histórico que se desenvolveu na Inglaterra. Cfr. CANOTILHO, J.J. Gomes, *Direito constitucional e teoria da Constituição,* 2. ed. Coimbra: Almedina, 1998: 49-52; e BARBERIS, Mauro, *op. cit.*, p. 173-191, org. DUSO, Giuseppe.

[158] A doutrina constitucional há muito discute acerca de tal possibilidade, não só no que concerne a inconstitucionalidade advir de valores suprapositivos que condicionam o constituinte, como advir do processo de revisão ou de emenda. No caso de revisão, CANOTILHO assinala que as soluções práticas não são dignas de registro pela possibilidade muito remota de isso acontecer (*op. cit.*, p. 1.105). Jorge MIRANDA afirma: «E possível a inconstitucionalidade de normas constitucionais em caso de revisão constitucional que pretira regras orgânicas ou procedimentais ou que infrinja limites materiais» (*Teoria do Estado e da Constituição*, 1. ed. Forense, 2002: 477).

é possível afastar esse itinerário psicológico, que se projeta desde o inconsciente e se instala na decisão, quer queira ou não o prolator, seja esta a melhor decisão ou não, seja justa ou não.

A colheita da prova e a análise do material fático é, por excelência, o local onde mais se instala esse itinerário psicológico inconsciente. A afirmação do princípio da livre valoração da prova, embora não afaste a legitimidade da análise jurídica, implica em conexões que extrapolam os critérios de regulação jurídica.[159] O princípio jurídico da livre valoração implica uma visão holística da prova, e, consequentemente, integram-se outros aspectos extrajurídicos necessários à determinação do fato.

A reconstituição dos fatos leva à formação de imagens que, muitas vezes, remetem a outras imagens já experienciadas pelo julgador, atravessadas, portanto, de vivências conscientes e inconscientes. As primeiras são comumente referidas como as máximas da experiência que a doutrina recomenda para a valoração da prova,[160] ao lado da lógica, da racionalidade geral, da bagagem cultural, do conhecimento de como é o mundo. Estas podem ser submetidas à justificação tanto interna (derivar das premissas normativas e fáticas expressadas nos fundamentos de direito e de fato), como externa (correção tanto das premissas normativas, como das fáticas, de forma conjunta).

O problema assoma quando imagens inconscientes, tanto para o julgador como, obviamente, para as partes, se infliltram no processo psicológico de julgar, sub-repticiamente, e deformam desde a reconstrução da matéria fática, até sua avaliação. Como bem anotou Ferrajoli,[161] a prática profissional está repleta de operações subreptícias. E a decisão pode não ser justa, se fundada em uma avaliação equivocada dos fatos.[162]

---

[159] Taruffo, Michelle, *La Prueba de los Hechos*. O autor afirma: «*resulta imposible definir y analizar de forma completa la prueba si nos situamos exclusivamente en la dimensión jurídica del problema*» (p. 23).

[160] Adverte Taruffo que, conquanto o juiz disponha de conhecimentos gerais, noções derivadas da experiência comum, vinculados com o fato a provar e úteis, de alguma forma, aos efeitos de sua determinação, o problema ocorre justamente quando tais conceitos às vezes expressam generalizações equivocadas, tendências genéricas, sem qualquer convalidação ou confirmação científica. Apenas expressam noções de sentido comum que têm como único fundamento o fato de formar parte da cultura do homem médio em um certo lugar e em determinado momento (*op. cit.*, p. 219).

[161] Ferrajoli, Luigi, *Direito e razão: teoria do garantismo penal*, 2. ed. São Paulo: Ed. Revista dos Tribunais, 2006: 46.

[162] Taruffo: «*la veracidad y la aceptabilidad del juico sobre los hechos es condicion necesaria (obviamente, no suficiente) para que pueda decirse que la decision judicial es justa*» (*op. cit.*, p. 64).

A proposta, neste passo, é mais modesta, tal a envergadura e a dificuldade de lidar com o tema: tão somente reconhecer que o ato de julgar também tem uma *dimensão inconsciente* que se projeta nas decisões. Por vezes, elas ajudam a fazer justiça; outras vezes podem afastá-la. Não se trata de má-fé do julgador, que, na maioria das vezes, está convicto de que está fazendo justiça; mas, às vezes, pode estar sendo traído pelo seu inconsciente.

Talvez possamos avançar mais um pouco para denunciar que o inconsciente, muitas vezes, se revela por detrás do decisionismo, da arbitrariedade, da discricionariedade judicial, dos argumentos de autoridade, eliminando a possibilidade de uma instância lógica e contraditória para proteger-se de ser surpreendido em plena ação.

Um antídoto para esse estado de coisas, para um juiz bem intencionado, é perguntar-se sempre, como Jung propôs, «como meu inconsciente vive essa situação?».[163] Como essa matéria fática me toca, ou será que me remete a uma situação já vivida? Outro, é permitir, sempre, a possibilidade de refutação, de contestação, de argumentação, tornando-se acessível às partes. É bem possível que algum argumento imponha uma reflexão mais profunda que possibilite a um juiz aberto e sensível deparar-se com seu inconsciente e seus preconceitos. Quando isso acontece – a oportunidade de pôr à prova o inconsciente e os preconceitos – é um grande momento de amadurecimento pessoal e profissional do magistrado.

Como anotado em outro lugar, essa deformação é tanto mais perigosa quanto mais interventiva a natureza da decisão judicial. Assim, é na jurisdição penal que esse risco assume sua feição mais perigosa e reprovável, e propicia a confusão entre as funções dos sujeitos processuais. Em termos concretos, significa o exercício de função acusatória e investigativa por parte do magistrado, que, assim, perde a equidistância indispensável ao julgamento da causa.[164] Há que se lembrar que no processo penal há proibições à atividade probatória que se justificam por razões políticas, contra as quais não se deve nem pode insurgir.

---

[163] JUNG, Carl Gustav, *Memórias...*, *op. cit.*, p. 160.

[164] CARVALHO, Luis Gustavo Grandinetti Castanho de, «Quem é o juiz que aplica a pena», in BAEZ, Narciso Leandro Xavier e BARRETO, Vicente (org.). *Direitos humanos em evolução.* Joaçaba-SC: Ed. Unoesc, 2007: 285-310, Nesse artigo, defendi: «A imparcialidade exige um certo distanciamento. Distanciamento não é, definitivamente, alheamento, mas equidistância; afastamento dos interesses das partes; certa indiferença quanto a esses interesses. Isso porque o juiz que não guarde uma relativa distância das partes, acaba se confundindo com elas. Por isso, a proibição de o juiz gerir a prova, indicar provas de ofício, pois, ao fazê-lo, já está comprometido com um determinado interesse, que coincide com o interesse de uma das partes» (p. 305).

A jurisdição penal tem as suas especificidades. É que o Direito Penal e o Direito Processual Penal talvez sejam os ramos do Direito mais vulneráveis à ideologia e, por isso, se transformam em instrumentos de imposição da ideologia dominante. Sempre foi assim. Basta ver, na história da humanidade, quantas vezes o processo penal foi usado contra os inimigos do regime político e quantos réus foram, na verdade, vítimas, levados à morte ou punidos desnecessariamente. E quantas vezes a ideologia econômica também determinou a criminalização de condutas que não tinham maior periculosidade social.[165]

Foucault[166] bem demonstrou que o sistema penal sempre aprofundou as contradições sociais, perpetuando-as e marginalizando aqueles que não logravam se incorporar no processo econômico. Sempre desempenhou um papel importante na perpetuação do poder e nas divisões das sociedades.

Por ter essa tendência universal é que o sistema penal, incluído o processo penal, é cercado de princípios e garantias constitucionais que possam, senão evitar, pelo menos dificultar a sua utilização ideológica, no sentido do texto de Foucault, que serve de advertência contra o uso do sistema penal de modo alienado.

É esse instrumental que precisa ser sublinhado no que tange aos componentes da decisão penal. Nesse particular, o projeto de modernidade, com seus princípios liberais-iluministas, que somente chegaram no Brasil, por inteiro, com a Constituição de 1988, precisam ser prestigiados. São eles que servem de anteparo àquela tendência manifesta do sistema penal.

---

165 Birman, Joel, *op. cit.*

166 *Microfísica do poder*, p. 50-51. A riqueza do comentário merece transcrição: «O sistema penal teve por função introduzir um certo número de contradições no seio das massas e uma ainda maior: opor os plebeus proletarizados aos plebeus não proletarizados. A partir de uma certa época, o sistema penal, que tinha inicialmente uma função fiscal, dedicou-se à luta anti-sediciosa... É um sistema que desempenha no fundo um triplo papel... Por um lado é um fator de proletarização: tem por função coagir o povo a aceitar o seu estatuto de proletário e as condições de exploração do proletariado. É perfeitamente claro que, desde o fim da Idade Média até o século XVIII, todas as leis contra os mendigos, os ociosos, os vagabundos, todos os órgãos da polícia destinados a expulsá-los os coagiam a aceitar no próprio lugar onde viviam as condições extremamente más que lhes eram impostas... Por outro lado, esse sistema penal dirigia-se especialmente aos elementos mais móveis, mais agitados, os violentos da plebe... Terceiro papel do sistema penal: fazer com que a plebe não proletarizada aparecesse aos olhos do proletariado como marginal, perigosa, imoral, ameaçadora para a sociedade inteira...; trata-se para a burguesia de impor ao proletariado, pela via da legislação penal, da prisão, mas também dos jornais, da literatura, certas categorias da moral dita «universal» que servirão de barreira entre ela e a plebe não proletarizada... Enfim, a separação que o sistema penal opera e mantém entre o proletariado e a plebe não proletarizada, todo o jogo das pressões que ele exerce sobre esta, permite à burguesia servir-se de alguns desses elementos plebeus contra o proletariado; ela os usa como soldados, policiais, traficantes, pistoleiros, utiliza-os na vigilância e na repressão do proletariado...».

Desse modo, o Direito Penal só tem legitimidade para lidar com os bens mais importantes da sociedade, devido ao seu caráter de ser a *ultima ratio* e de fragmentariedade.[167] E somente quando tais bens forem efetivamente ameaçados ou ofendidos. O Direito Processual Penal, por sua vez, erige-se como estatuto protetor dos inocentes, na medida em que a Constituição assume o princípio da presunção de inocência. É nele que o inocente buscará proteção e os meios para controlar a pretensão acusatória.[168] Só obedecendo a esses cânones é que a sentença condenatória será legítima. Caso contrário, não o será.

Diante disso, pode-se precisar um pouco mais as especificidades do processo penal, no tocante ao que vem sendo afirmado neste trabalho, para concluir que o princípio da legalidade assume um valor político muito mais relevante no âmbito penal, porque é protetivo do cidadão, não convindo enfraquecê-lo, sejam quais forem as razões, muito menos para satisfação de um senso comum de justiça. O que pode ser adequado ao senso comum de justiça de hoje pode revelar-se uma disparatada injustiça no futuro, quando a condenação já tiver sido irremediavelmente cumprida.

Nem mesmo a satisfação do desejo da maioria pode servir de mote para a atuação da justiça penal porque o juiz é justamente aquele que deve proteger, também, as minorias.[169]

Assim, o controle acerca do princípio da legalidade, em sede de jurisdição penal, é o controle de sua constitucionalidade e segundo aqueles princípios que legitimam a atuação do Direito Penal.

Contudo, como bem percebeu Juarez Tavares,[170] o princípio da legalidade que, inicialmente, se prestou para proteger o cidadão das incriminações arbitrárias, se volta perigosamente contra ele, quando permite que a simples definição legal possa transformar em criminosa qualquer conduta, desde que o Estado assim deseje e promulgue a lei necessária. Contra esse estado de

---

[167] Por todos: LUISI, Luiz, *Os princípios constitucionais penais,* 2. ed. Porto Alegre: Fabris, 2003.

[168] Também por todos: FERRAJOLI, Luigi, *op. cit.*

[169] FERRAJOLI: «A primeira regra de todo pacto constitucional sobre a convivência civil não é precisamente que tudo se deva decidir por maioria, mas que nem tudo se pode decidir (ou não decidir), nem mesmo pela maioria. Nenhuma maioria pode decidir a supressão (e não decidir a proteção) de uma minoria ou de um só cidadão» (*op. cit.*, p. 689).

[170] «Os objetos simbólicos da proibição: o que se desvenda a partir da presunção de evidência», *Direito e Psicanálise – Interseções a partir de* O Processo *de Kafka*, Ed. Lumen Juris, 2007: 43-55. Em uma passagem, o autor assinala com precisão: «Portanto, o princípio da legalidade, que inicialmente se apresentava como garantista da liberdade, passa a servir de legitimação dos atos destinados a suprimir essa liberdade».

coisas é que a Constituição tem de ser usada porque o legislador não tem um cheque em branco que possa usar para criminalizar desarrazoadamente.

No que pertine ao processo penal, do mesmo modo, a óptica a ser adotada só pode ser aquela referida linhas acima: de estatuto protetor do réu e de controle da legitimidade das ações persecutórias. Nesse contexto, o juiz deve esmerar-se em pautar-se pela imparcialidade, sem pretender exercer o papel das partes, especialmente quanto à atividade probatória. Não é sua função precípua a proteção da segurança pública. Não está no seu mister o combate à criminalidade. Essas são funções cometidas ao Poder Executivo, não ao Judiciário. A ele cabe, tão somente, julgar. E para fazê-lo legitimamente, deve tornar-se equidistante.

Nessa ambiência, o objetivo pacificador do processo penal passa a ser outro e a desempenhar-se de duas maneiras distintas: permitir que o inocente seja devidamente inocentado; permitir que o condenado receba a justa sanção penal, imposta pelo Estado, impedindo-se a justiça privada e a punição excessiva. Essa é a dimensão ética que se espera das decisões judiciais no âmbito penal: a proteção de um só cidadão presumidamente inocente se irradia na proteção de todos os demais membros da sociedade.

Embora não tenha sido objeto específico deste trabalho, a administração judiciária, por refletir as mesmas distorções que influenciam e às vezes deformam a atividade judicial, merece um breve comentário aqui.

A lógica da economia de mercado, capitalista, em tempos de pós-modernidade, tem imposto, mais recentemente, uma obrigação de eficiência do Judiciário, como subproduto da globalização. A reivindicação de um controle externo do Judiciário e de reformas processuais, ainda que também sejam anseios de boa parcela da sociedade brasileira, é, antes de tudo, uma recomendação de organismos internacionais,[171] preocupados em tornar o Brasil um país seguro para receber investimentos estrangeiros.

Os legisladores, imbuídos acriticamente do mesmo propósito, procedem a reformas processuais, sem se darem conta que o problema não está só no funcionamento dos tribunais, mas na forma de estruturação da sociedade, habituada às soluções de Poder, que vêm de cima, e à abdicação de sua própria capacidade de resolução de conflitos.

Sem maior reflexão crítica, as administrações superiores do Poder Judiciário tem se esforçado para implantar mais órgãos judiciais, especialmente aqueles relacionados às demandas típicas de uma sociedade de consumo capitalista, como os juizados especiais cíveis, sempre abarrotados de processos.

---

[171] Não é nenhum segredo que as reformas do Judiciário e do Código de Processo Civil foram recomendadas pelo BID – Banco Interamericano de Desenvolvimento.

Não se apercebem que estão reproduzindo a mesma lógica desta sociedade e todos se transformam em uma peça no mecanismo econômico que pode ser sintetizado da seguinte forma: extração de riquezas naturais – produção – consumo – resolução das demandas de consumo – credibilidade no sistema de consumo – maior consumo – mais extração etc. Estamos todos, assim, contribuindo para o exaurimento das riquezas naturais da Terra. A lógica da sociedade capitalista globalizada é refletida, assim, no Judiciário.

Enquanto isso, as varas que respondem pelo julgamento de causas humanas (ações de família, ações relacionadas à saúde ou à educação, ações criminais, como o Tribunal do Júri) recebem a mesma ou até menos atenção.

X. CONCLUSÃO

É chegado o momento de concluir, mas só se pode fazê-lo em linhas gerais, porque não se proporá uma regra – um outro mito? – pela qual se possa aferir com precisão *científica* qual a trajetória do processo decisório do juiz. Tampouco se pode propor um padrão de conduta.

Muitos são os fatores que influenciam e compõem o processo decisório, que é complexo por natureza. A complexidade do ato de julgar e a complexidade da sociedade que se submete ao julgamento impõem absoluta modéstia e a ausência de qualquer pretensão definitiva. O objetivo foi, somente, propor uma reflexão crítica e também aventurarmo-nos por alguns temas tão obscuros quanto marginalizados. Marginalizados porque supostamente não científicos. Obscuros porque funcionam como verdadeiros tabus.

Talvez possa parecer frustrante dizer que a mais contundente conclusão seja a de que, precisamente, devemos deixar um pouco de lado o tal cientificismo, em prol da recuperação de uma *dimensão espiritual* do ato de julgar. Já que o Direito adotou tanto as lições de Kant, porque não trazer dele a reivindicação de um agir *equidistante*, no sentido de levar em consideração os *pontos de vista dos outros*, explicada por Hanna Arendt como colocar-se *no lugar dos outros* no momento decisório, para livrar-se das *condições privadas*, para possibilitar um *pensamento que julga* e atingir uma *humanidade humana.*

Colocar-se no lugar dos outros é, também, um dos postulados da tradição budista, definido como compaixão. Significa uma atitude mental baseada no desejo de que os outros têm um direito natural, fundamental, de se livrar do sofrimento, segundo um princípio de igualdade.[172] A técnica para

---

[172] LAMA, Dalai e CUTLER, Howard C., *A arte da felicidade*, São Paulo: Martins Fontes, 2001: 128-129.

atingir-se tal estado mental é nos equipararmos aos outros, em posição de igualdade.[173] Não é diferente na tradição espírita.[174]

Isso vai lançar um olhar desafiador neste tabu que representa o juiz como uma máquina de fazer sentenças, absolutamente neutro, equidistante, apegado somente à lei e sem permitir que nada interfira no processo decisório, como um espectador impassível, características que podem constituir a figura da alienação tantas vezes mencionadas aqui. Muito diferentemente, o juiz é um igual, que deve se colocar na posição das partes para, desde dentro do litígio – e não acima –, refletir sobre a decisão justa. Deve buscar harmonizar-se com sua obra,[175] e não produzi-la como se fosse de outrem.

O juiz deve saber mover-se ponderadamente entre o ator e o espectador. Deve pender para o ator sempre que se tratar de concretizar direitos genuinamente[176] fundamentais, como o direito à saúde, à educação, à moradia, à liberdade etc., bem como no desempenho da gestão da prova na jurisdição cível sempre que houver necessidade de equilibrar as partes no processo.[177] Deve pender para o espectador na jurisdição penal para preservar sua imparcialidade, sendo ator quando se tratar da defesa das garantias fundamentais.

Algumas outras conclusões um pouco mais específicas decorrem do texto e podem ser condensadas deste modo:

---

[173] LAMA, Dalai, *O mundo do budismo tibetano*, Rio de Janeiro: Nova Fronteira, 2001: 127.

[174] XAVIER, Francisco Candido, *Busca e acharás*, São Paulo: Ideal – Instituto de Divulgação André Luiz, 1988: 163: «Procura colocar-te no lugar do próximo, exercitando compreensão».

[175] PIRSIG: «Acho que, quando esse conceito de paz de espírito é introduzido no ato do trabalho técnico e assume caráter central, pode acontecer uma fusão das qualidades clássica e românticas num nível básico e dentro de um contexto de trabalho... há uma espécie de paz interior do espírito que não é fingida, mas resulta de um tipo de harmonia entre o trabalhador e a obra... O que produz esse envolvimento é a ausência de qualquer noção de separação entre sujeito e objeto na linha de frente da consciência... Quando a pessoa não é dominada pela sensação de separação entre ela e a obra que está fazendo, pode-se dizer que tem dedicação pelo que faz...» (PIRSIG, Robert M., *Zen e a arte de manutenção de motocicletas*, 1. ed. São Paulo: Martins Fontes, 2007: 298-299).

[176] Deixando de lado a concepção meramente orgânica ou normativa dos direitos fundamentais, há que se reconhecer que uma gama de direitos foram inseridos como fundamentais, mas que não integram aquele conjunto essencial de direitos que são indispensáveis ao desenvolvimento do ser humano, como os direitos do consumidor, por exemplo. Nesse mesmo sentido, consulte-se RESTA, Eligio, *op. cit.*, p. 135: «Bens e direitos fundamentais são inclusivos, quando um indivíduo não pode gozar deles, se, no mesmo momento não gozam deles todos os outros. O ar, a vida, o patrimônio genético só podem ser inclusivos, podem sê-lo menos as propriedades, quando não são igualmente distribuídas».

[177] Como ocorre com a decisão que inverte o ônus da prova ou a que determina a produção de provas de ofício.

1. No que tange propriamente ao juiz, deve-se destacar que a sua formação, como de todo profissional do Direito, favorece uma conduta passiva em relação ao império da lei, imposta pelo arcabouço teórico da modernidade. O modo de pensar o Direito é fracionado, compartimentalizado, especializado, reflexo da lógica cientificista e mecanicista da modernidade. É imperioso desalienar o juiz da mitologia da lei, como instância indiscutível. O juiz não é mais a boca inanimada da lei. Deve investigar profundamente a ideologia que a inspirou[178] para confrontá-la com a Constituição.[179] Do

---

[178] Por vezes a lei não é propriamente injusta, mas pode ser aplicada injustamente no caso concreto. Pense-se no exemplo em que o locatário de um imóvel residencial vem consignando judicialmente os alugueres, mas, por qualquer razão, o faz a menor em um único mês. Conexamente, corre uma ação de despejo por falta de pagamento. Pela dição estrita da lei, o locatário incorreu em mora, nesta parcela, e, portanto, está autorizado o despejo. A solução justa seria possibilitar nova emenda da mora e evitar o despejo. Suponha-se outro exemplo: uma fábrica que oferece residência funcional a seus funcionários vem a falir. Muitos anos depois, a massa falida propõe a reintegração de posse dos imóveis. Os ex-funcionários argúem que adquiriram a propriedade pelo usucapião, o que é negado pela massa falida ao argumento, legal, diga-se, de que eles nunca exerceram a posse *ad usucapionem.* A solução justa parece ser proteger o direito constitucional de moradia, que teria consolidado a propriedade em razão do tempo decorrido, levando-se em conta, também, que os funcionários já foram penalizados com a falência e a perda dos postos de trabalho. O caso de alienação fiduciária de bem móvel ou imóvel fornece alguns exemplos de injustiça da lei, diante da possibilidade de alienação do bem diretamente pelo credor e retenção das parcelas pagas. Neste último caso, quando o imóvel não é arrematado no leilão, o credor não só fica com a propriedade, como retém as parcelas pagas pelo devedor, que, assim, tudo perde.

[179] No âmbito penal, diante do princípio de *ultima ratio*, de fragmentariedade e da ofensividade que circunscrevem a intervenção penal, cita-se a o tipo penal do art. 58 da Lei das Contravenções Penais, que caracteriza como contravenção penal o jogo de azar, por violar o bem jurídico *costumes*. Ora, não é preciso muitos argumentos para demonstrar que o jogo, de modo geral, não ofende os costumes, já que explorado não só pelo Poder Público, como por entidades privadas (Jóqueis Clubes etc.). A proibição não passa de uma reserva de mercado, ilegítima, porque a Constituição assegura a livre iniciativa na ordem econômica. Dizer que o jogo costuma ser explorado por criminosos perigosos não é argumento jurídico. Que se combatam tais criminosos nas suas atividades criminosas, mas não pela exploração de jogo, que configura, meramente, infração administrativa. O mesmo se diga do art. 28 da Lei 11.343/2006, que criminaliza o porte e o uso de substância entorpecente. Trata-se de conduta que não vulnera o bem jurídico *saúde pública*, podendo configurar infração administrativa. Outras vezes a utilização da lei é que é ideologicamente mal inspirada e leva à marginalização de pessoas que não conseguem se inserir no mercado formal de trabalho. Veja-se o art. 47 da Lei das Contravenções Penais, que tipifica o exercício ilegal da profissão, comumente usado para combater os guardadores de veículos nos logradouros públicos (os chamados *flanelinhas*). Ora, o Poder Público tem como regulamentar o estacionamento nas vias públicas, sem necessidade de criminalizar a conduta referida. Lançar mão da sanção penal, via mais gravosa, é uma tentativa de marginalizar, justamente, parcela economicamente mais fragilizada da população. Os exemplos do uso indevido do Direito Penal contra seguimentos sociais que não conseguem se inserir formalmente na economia capitalista são vários, não sendo, aqui, o lugar adequado para deles tratar com profundidade.

mesmo modo, deve proceder com relação às emendas constitucionais[180] que desfigurem os valores constitucionais. Aqui tem lugar, por excelência, aquela *dimensão ética* que reclama uma postura crítica e aberta do julgador, e uma *dimensão espiritual*,[181] vinculada aos destinatários do ato normativo injusto ou do modo injusto de utilização da norma.

O processo é o espaço público destinado a fazer justiça, a estabelecer a paz social, a igualizar as pessoas, a concretizar as promessas da Constituição, especialmente os direitos fundamentais, e não pode ser usado, justamente, para a injustiça ou para marginalizar este ou aquele setor social. O juiz é integrante de uma sociedade plural, complexa, composta por pessoas diferentes, que compõem o caldo de cultura que a forma, que urde o Direito e que justifica uma imersão na trajetória histórica na qual está irremediavelmente inserido. O ato de julgar haverá de contemplar essa *dimensão histórica*, intersubjetiva.

Pensar o direito, interpretar o direito, significa implicar-se histórica e temporalmente.

2. Há que se reivindicar um olhar interno. O juiz deve se autoconhecer e deve ser autocrítico, o que demanda, pelo menos, uma tentativa modesta de reconhecer que é movido, também, por uma *dimensão inconsciente*, que pode

---

[180] Dois bons exemplos de emendas constitucionais que suscitam a discussão sobre a sua razoabilidade, justiça e conveniência são a Emenda Constitucional n. 58, de 23.09.2009, que recompôs o quadro de vereadores, aumentando-o consideravelmente; e a Emenda Constitucional n. 62, de 09.11.2009, que introduz novas regras para o pagamento de precatórios.

[181] Cogitar de uma dimensão espiritual no processo decisório pode soar um tanto piegas ou, pelo menos, não jurídico ou não científico. Mas no momento em que estas linhas estão sendo escritas, divulgou-se a decisão da Justiça Federal num caso polêmico, envolvendo a guarda do menino brasileiro Sean Goldman, de 9 anos. A decisão determinou a entrega do menor, em 48 horas, ao pai biológico, o que foi feito, partindo, ambos para os EUA. Durante o desenrolar do processo, ficou público e notório e, portanto, independente de prova, que o menor queria viver no Brasil, com a avó materna, após o falecimento da mãe brasileira. Mas o menor nunca foi ouvido pelo Judiciário, apesar de haver impetrado *habeas corpus* no STF nesse sentido, que teve a liminar deferida e depois cassada, em regime de plantão, pelo Presidente do STF. O direito de o menor ser ouvido e influir na determinação de sua guarda é um direito decorrente de documentos internacionais que prescrevem que todas as soluções referentes à guarda e à adoção preservem o *interesse do menor* (por exemplo: a Convenção de Haia, preâmbulo). Ora, como aferir qual seu interesse sem ouvi-lo? Ademais, não se entrega um menor como quem entrega uma mercadoria. O prazo de 48 horas é absolutamente insuficiente para fazer uma transição de lares, e mesmo de países, de tal envergadura. O fato é que nenhuma das instâncias preocupou-se com a referida dimensão espiritual, consistente em colocar-se no lugar dos destinatários da decisão judicial, ou seja, colocar-se no lugar do outro, porque assim pode-se aferir melhor a justiça da decisão. Este relato vai desafiar que se examine um outro aspecto que não foi objeto deste trabalho: a dimensão da influência política nas decisões judiciais, porque a pressão que o governo norte-americano e o brasileiro exerceram sobre o Judiciário, sem qualquer escrúpulo, foi absolutamente desmedida e inconcebível.

criar preconceitos ou deformar as imagens captadas dos autos. Não criticar estes preconceitos é agir, também, alienadamente.[182] Do mesmo modo, não enfrentar as teses que desafiam tais preconceitos pode ser sinal de que é o inconsciente que está ditando a decisão. O consciente é racional e discute. O inconsciente é furtivo, sub-reptício, avesso a qualquer contraditoriedade; geralmente é impulsivo e autoritário. É preciso desconfiar desse desmesurado autoritarismo. Quem exerce um poder deve esmerar-se por exercê-lo democraticamente. Quem detém o peso da caneta, precisa ser suave no trato da coisa pública que é o processo e sensível em relação às partes que vão suportá-lo.

3. Quanto à administração da Justiça, talvez o que deva ser feito seja estimular, ou mesmo obrigar, a mediação nas ações meramente patrimoniais, em instância não judicial e, depois, judicial, para permitir que o Judiciário possa se ocupar das ações que realmente demandam sua intervenção séria e célere. Todas as ações judiciais devem ser céleres e eficientes, mas as que lidam com o aspecto humano são mais importantes e merecedoras de maior atenção e investimento.

4. Por fim uma palavra sobre o recrutamento e a formação dos juízes. O modo de seleção dos atuais concursos públicos somente reproduzem a deformação e a alienação então imperantes. Privilegiam-se jovens com maior capacidade de memorização de textos legais. E o estágio confirmatório que segue à posse se limita, normalmente, à crítica das sentenças que o juiz envia. O concurso deve aferir a capacidade de compreender e criticar o sistema de direito, com suas necessárias conexões interdisciplinares. O estágio confirmatório deve avaliar o juiz *in loco*, ou seja, onde ele atua, nos processos que julga, no modo de atender as pessoas, para aferir sua capacidade de colocar-se no lugar daqueles a quem se dirigem seu provimento judicial.

Naquele diálogo do drama de Shakespeare que serve de epígrafe a este trabalho, o bobo da corte, percebendo o desespero de Rei Lear ao recuperar a lucidez e constatar os erros de suas decisões, diz a ele que não deveria ter ficado velho antes de ter se tornado sábio. O juiz não precisa se tornar sábio antes de se tornar juiz. Convém, porém, perceber exatamente isso: que não é sábio, que não é infalível, que não detém a verdade. Assim, com humildade, começará sua jornada em busca de ser o mais justo possível.

Enfim, nessa quadra tão descrente dos paradigmas da modernidade, nesse momento tão revelador da complexidade que a modernidade não

---

[182] Infelizmente, não é incomum ouvir-se nos corredores do forum que tal ou qual juiz, ao colher o depoimento das testemunhas, distorce o seu conteúdo para registrar na assentada a versão que acha a mais correta, já objeto de seu prejulgamento.

mais comporta, o mínimo que se pode esperar do juiz é que ele recolha do *processo da vida* toda a multiplicidade que o constituiu – e também a sociedade – com teias invisíveis. Que não se limite a repercutir acriticamente, como espectador, os mitos e as ideologias dos atores vencedores porque, nele, também ressoam os ideais dos atores vencidos. Que se olhe no espelho e se pergunte:

«Espelho, espelho meu
Haverá alguém no mundo
Mais diferente de mim
Do que eu?»[183]

BIBLIOGRAFIA

ARENDT, Hanna, 1992: *Lectures on Kant's Political Philosophy.* Chicago: The University of Chicago Press.

BAUMAN, Zygmunt, 1998: *O mal-estar da pós-modernidade.* Rio de Janeiro: Zahar.

BEIRNER, Ronald, 1992: *Interpretative Essay, in Lectures on Kant's Political Philosophy.* Chicago: The University of Chicago Press.

BIRMAN, Joel, 2005: «Saberes do psíquico e criminalidade», *Criminologia e subjetividade*, MENEGAT, Marildo e NERI, Regina (org.). Rio de Janeiro: Lumen Juris.

CANOTILHO, J. J. Gomes, 1998: *Direito constitucional e teoria da Constituição.* 2. ed. Coimbra: Almedina.

CAPRA, Fritjof, 1998: *Sabedoria incomum.* São Paulo: Cultrix.

____, 2006: *O ponto de mutação.* São Paulo: Cultrix.

CAPPELLETTI, Mauro, 1974: *Proceso, ideologias, sociedad.* Buenos Aires: Ediciones Juridicas Europa-America.

CARVALHO, Luis Gustavo Grandinetti Castanho de, 2007: «Quem é o juiz que aplica a pena», in BAEZ, Narciso Leandro Xavier e BARRETO, Vicente (org.). *Direitos humanos em evolução.* Joaçaba-SC: Ed. Unoesc.

CHAUÍ, Marilena, 2004: *O que é ideologia.* 2. ed. revista e ampliada. São Paulo: Brasiliense.

DUSO, Giuseppe (org.); PICCININI, Mario; CHIGNOLA, Sandro; RAMETTA, Gaetano; BARBERIS, Mauro; MANFRIN, Luca; SCALONE, Antonino; SCATTOLA, Merio, 2005: *El Poder – Para una História de La Filosofia Política Moderna.* México DF: Siglo Veintiuno Editores.

[183] LEDO IVO, *Diante do espelho,* Poesia Completa, Rio de Janeiro: Topbooks, 2004: 938.

DUSSEL, Enrique, 2007: *Política de La Liberación – História Mundial e Crítica.* Madri: Trotta.

DWOKIN, Ronald, 2007: *La Justicia con Toga.* Madri: Marcial Pons.

EHRLICH, Carl S.; GORDON, Matthew, 2007: *Religiões*, org. COOGAN, Michael D. São Paulo: Publifolha.

FERRAJOLI, Luigi, 2006: *Direito e razão: teoria do garantismo penal.* São Paulo: Ed. Revista dos Tribunais.

FOUCAULT, Michel, 1989: *Microfísica do poder.* 8. ed. Rio de Janeiro: Graal.

FREUD, Sigmund, 2006: *Mal-estar na civilização.* Edição Standard Brasileira das Obras Completas de Sigmund Freud, vol. XXI. Rio de Janeiro: Imago.

____, 2006: *O ego e o id e outros trabalhos.* Edição Standard das Obras Psicológicas Completas de Sigmund Freud, vol. XIX. Rio de Janeiro: Imago.

GADAMER, 2004: *Verdade e método*, I, 6. ed. Petrópolis: Vozes.

GARAPON, Antoine, 1997: *Bem julgar – Ensaio sobre o ritual judiciário.* Lisboa: Instituto Piaget.

GROSSI, Paolo, 2004: *Mitologias jurídicas da modernidade.* Florianópolis: Fundação Boiteaux.

HEGEL, 1976: *Princípios da filosofia do direito.* 2. ed. Lisboa: Guimarães e Cia Editores.

____, 2002: *Fenomenologia do espírito.* 5. ed. Petrópolis: Vozes.

JUNG, Carl Gustav, 2006: *Memórias, sonhos e reflexões.* 13. ed., 26. reimpr. Rio de Janeiro: Nova Fronteira.

____, 2008: *O eu e o inconsciente.* 21. ed. Petrópolis: Vozes.

____, 2008: *O homem e seus símbolos.* 2. ed. especial. Rio de Janeiro: Nova Fronteira.

KANT, Immanuel, 1974: *Primeira introdução à crítica do juízo.* Coleção Os Pensadores. São Paulo: Abril Cultural.

____, 2008: *À paz perpétua.* Porto Alegre: L&PM.

KEHL, Maria Rita, 2005: *Sobre ética e psicanálise*, 2. reimpr. São Paulo: Companhia das Letras.

KELSEN, 1984: *Teoria pura do direito*, trad. João Batista Machado. 6. ed. Coimbra: Arménio Amado Editora.

LACAN, Jacques, 1998: *Escritos.* Rio de Janeiro: Zahar.

LAMA, Dalai e CUTLER, Howard C., 2001: *A arte da felicidade.* São Paulo: Martins Fontes.

LAMA, Dalai, 2001: *O mundo do budismo tibetano.* Rio de Janeiro: Nova Fronteira.

Levi-Strauss, Claude, 1986: *Minhas palavras,* trad. Carlos Nelson Coutinho. São Paulo: Brasiliense.

____, 1978: *Mito e significado*, trad. António Marques Bessa. Lisboa: Edições 70.

____, *O tomemismo hoje,* trad. José Antonio Braga Fernandes Dias. Lisboa: Edições 70, sem data.

Lindzey, Gardner; Hall, Calvin S.; Thompson, Richard F., 1977: *Psicologia.* Rio de Janeiro: Guanabara Koogan.

Luisi, Luiz, 2003: *Os princípios constitucionais penais.* 2. ed. Porto Alegre: Fabris.

Marías, Julian, 2004: *História da filosofia.* São Paulo: Martins Fontes.

Marrafon, Marco Aurélio, 2008: *Hermenêutica e sistema constitucional.* Florianópolis: Habitus.

Martins, Rui Cunha, 2008: «Estado de Direito, evidência e processo: incompatibilidades electivas», in Brandão, Cláudio (org.). *Princípio da legalidade: da dogmática jurídica à teoria do direito.* Rio de Janeiro: Forense.

____, 2008: *O método da fronteira.* Coimbra: Almedina.

Marx, Karl e Engels, Friedrich. *A ideologia alemã*, www. jahr.org.

Miranda, Jorge, 2002: *Teoria do Estado e da Constituição.* Rio de Janeiro: Forense.

Pirsig, Robert M., 2007: *Zen e a arte de manutenção de motocicletas.* São Paulo: Martins Fontes.

Popper, Karl, 2005: *El mito del marco común.* Barcelona: Paidós Surcos.

Ricoeur, Paul, 2008: *O justo.* São Paulo: Martins Fontes.

Rosa, Alexandre Morais da, 2006: *Decisão penal: a bricolage de significantes.* Rio de Janeiro: Lumen Juris.

Santo Anselmo da Cantuária, 1973: *Monológio*, Coleção Os Pensadores. São Paulo: Abril Cultural.

Streck, Lenio Luiz, 2007: *Verdade e consenso.* 2. ed. Rio de Janeiro: Lumen Juris.

Tarufo, Michele, 2002: *La prueba de los hechos.* Madri: Trotta.

Tsé, Lao, 2004: *Tao Te Ching.* 4. ed. São Paulo: Martin Claret.

Tavares, Juarez, 2007: «Os objetos simbólicos da proibição: o que se desvenda a partir da presunção de evidência», *Direito e Psicanálise – Interseções a partir de* O Processo *de Kafka.* Rio de Janeiro: Lumen Juris.

Xavier, Francisco Candido, 1988: *Busca e acharás*, São Paulo: Ideal – Instituto de Divulgação André Luiz.

Weil, Simone, 2001: *Opressão e liberdade.* São Paulo: Edusc.